人物叢書

新装版

高島秋帆

たか しま しゅう はん

有馬成甫

日本歴史学会編集

吉川弘文館

凡學此術者宜重厚慎勤切問
深思習于未危備于未亂常以
張光軍威使寇畏縮不得来侵
是予本意欲以多殺之術為不
殺之用此之謂神武也
丙寅元旦
秋帆老人書

高島秋帆手蹟

凡そ此術を学ぶ者は、宜しく重厚慎勤にして、切に問い深く思い、未だ危うからざるに習い、未だ乱れざるに備え、常に以て軍威を張光し、寇をして畏縮来り侵すを得ざらしむ。是れ予の本意、多殺の術を以て、不殺の用を為さんと欲す。此れを之れ神武というなり。（慶応二年元旦書）

高島秋帆肖像

この写真は咸臨丸にて米国より持ち帰った写真機で、中浜万次郎が江戸新銭座の江川邸にて撮影したものという。（細川潤次郎談）

徳丸原演練の図（部分）

天保十二年五月九日武蔵国豊島郡徳丸原において、洋式練兵及び大砲発射を行ったときの図。本図は、著者旧蔵の、検使の見分図の一部である。中央右寄りに、「高島四郎大夫火術ヲ指揮スル図」とあり、その左に、高島秋帆が描かれている。

はしがき

高島秋帆の生涯とその業績については、未だよく知られていない。それは彼に関係する著書が少く、かつその記述に多くの誤りがあるからである。これがために幕末維新の際に最も重要な人物の一人である彼の真価が、一般によく認識せられていないのは遺憾なことである。

この小著に於ては、十分に彼の業績を記述することはできなかったが、従来彼について知られていなかったこと、および誤り伝えられている点については、できるだけこれを明らかにし、かつこれを是正して、彼の真価を発揮するように努めた。

秋帆が生活した時代は、わが国の近世史において最も重要な、また最も多事な変革時代であった。彼は常に時勢を先見し、努力して世を導いて行った。然るに一部のものの嫉妬により、思いがけない災厄を蒙むるに至ったが、彼はよくその逆境に耐え忍んで、遂にその宿志を貫徹することができた。

同じ時代に、同じような災難に遭った渡辺崋山と比較してみると、その明暗・幸不幸が余りにも対照的である。その素因は、ただ彼が時勢の幸運にめぐりあわせたというに盡きるようである。

然し彼と佐藤信淵とを比較すると、非常に興味ある対照をなしている。信淵は頭脳明晳で、一を聞いて十を知り、時勢を洞察して国策を立論した点においては、秋帆より勝れた点があった。然し信淵は透徹鋭利に過ぎ、至るところの藩主・太夫には重用せられたが、属僚・末輩には悉く煙たがられてその反感を買い、遂にその雄大な経綸を実現することができなかった。

然るに秋帆は、理想家というより寧ろ実行家であって、その人格に一種の魅力があり、多くの共鳴者・後援者・随従者を得た。彼の家柄と家富とがこれに力を添えたことは無論であるが、彼の成功の源泉は、その熱誠にあったといわなければならぬ。彼が残した二つの意見——天保上書と嘉永上書——洋兵提唱と開国通商——は、彼の明敏さを物語っているというよりも、寧ろ彼の熱誠より溢れ出た迫力の結晶であるというべきである。すなわち満身に漲る彼の熱心が、遂に彼をして不朽の功を成さしめたのであった。

『徳川三百年史』には嘉永上書を評して、「唯この一篇あり、秋帆千古に朽ちず」と絶讃している。幕末史を繙くものは、四面みな攘夷鎖国の雰囲気中にあって、ただ一人毅然として開国通商を高唱した彼の姿を看過することはできない。のみならず、ペルリの初度来航より再来に至る短い期間に、幕閣の方針を鎖攘より開国に転換せしめた原動力が、彼の上書にあったという事実を過小評価してはならない。

彼の晩年は一切政治面に携わることなく、専ら講武所の砲術師範役として、ひたすら軍事力向上の技術面に没頭貢献したのみであったから、多くの史家は彼の存在を閑却している。

然しながら、彼の門人たちは、幕末維新の際において各方面の主要な位置に在って活躍した。而して、それは、直接彼が教鞭を執っていた幕府方よりも、寧ろひと昔以前に教授した、新興勢力の西南雄藩の中にあって主動力となったのである。

かの小瀬川口(広島県大竹市)の一戦に長州兵が幕軍を破り、以て維新の大業の基礎を開いたのも、彼が唱道した洋兵の勝利であった。

また対外的には、島津斉彬が鋭意海岸砲台の構築に努力し、西洋人の力を借りずして整備した鹿児島台場が、文久三年(一八六三)の英艦の攻撃に対してよくその威力を発揮して、英人をして清国と同様に日本を軽侮するの非なるを暁らしめたのも、また秋帆の感化の然らしめたものである。

このように考え来れば、秋帆の功績は、彼自身の行為によるよりも、寧ろ彼の感化を受けた多くの人々によって挙げられたというべきである。

この小伝には、到底それら秋帆の業績の全貌を網羅することは出来なかった。ただ晩年を静かに孜々（しし）として講武所師範の職に過ごした彼の姿を描くよりほかに何も記し得なかったこの小著を通して、彼の感化を受けた多くの有為（ゆうい）な人々が、同じ時代に、内外多端（たたん）の政局に立って活躍している場面をも直視し、それらも彼の業績の一部であると観ることにより、初めて彼の真価を認識することができるのである。

更に彼の歿後、明治時代を通じて国策の根本となった洋式兵制の採用と、開国貿易とが、彼の唱道にその端を発しているという事実を考えるとき、彼の偉大さは誠に「千古に朽ちず」というべきである。

昭和三十三年一月

有馬成甫

目次

口絵

挿図

第一　幕末の時勢

日本人はフランス革命も知らず

フランス革命に引続いて起ったナポレオン戦争は全欧州を吹きまくった狂瀾怒濤であったが、自ら戸を閉ざして、僅かに出島の天窓から世界を窺(のぞ)いていた日本人には、それは全く知らされなかった。況んやその余波が日本に迄押寄せて来ようなどとは夢想することだに出来なかったのである。

日本人が寛永鎖国以来「祖法」の殻の中に桃源(とうげん)の夢に陶酔(とうすい)している間に、ヨーロッパにおける科学は長大足の進歩を遂げた。それが十九世紀初頭に北辺に現われ、また長崎に襲来した。そしてそれら赤蝦夷(あかえぞ)も英夷も、もはや往年の南蛮人ではなかった。

西洋文明は力の形をとる

西洋に於て高度の発達を遂げた天文・航海・造船・火砲等の科学文明は、ヨーロッパにおいてこそ平和と幸福とを齎（もた）らしたかも知れないが、東洋・アメリカ・アフリカ等の異民族に対しては、侵略・征服・掠奪・残虐というあらゆる罪悪の形で現われたことは甚だ遺憾なことであった。

日本人の西洋人観

この事実の認識の上に日本人は西洋人を見、ヤソ教を見たのであるから、彼等を南の蛮人と呼び邪教と断定したのも、当然なことであった。

若しもオランダとの友好関係が二百年以上も続いていなかったとしたならば、日本人の西洋人観はもっと激しい憎悪と怨恨とに満ちていたかも知れない。――今日インド人やインドネシア人がイギリス人やオランダ人に対して抱いているように。

十九世紀の初頭には、ヨーロッパの勢力が激しい力として日本人の眼前に現われて来た。文化三―四年のエトロフ事件及び文化五年のフェートン号事件はそれであった。

この両事件が、幕末に於ける対外思想の根底をなしていることを忘れてはならない。それで東洋民族が一般的に抱いている排外思想の本源が、白人の強引(ごういん)な行動そのものにあったことは、何ら弁解の余地のないことである。

出島の意義

然し幸いなことには、我が国には友好関係にあったオランダ人の出島があり、そこから西洋文明の根源を平和のうちに学び取る道が開かれていた。

高島秋帆は、その父四郎兵衛の時代から、出島に最も自由に、最も頻繁に出入することが出来る境遇におかれていた。彼はその聡明と努力とを傾けて、この特権を最大限に利用した。それというのも時勢の成行きの結果であるから、少しく遡ってその因縁を尋ねて見ようと思う。

一　九春古丹(くしゅんこたん)及びエトロフ事件

ワルトンの伊豆来航

ペートル大帝の東方探険計画は、北方にベーリング海軍大佐を派遣して海峡並びにアラスカの発見となり、南方にスパンベルグ海軍中佐の指揮する小艦隊を派遣して、その一艦長ワルトン大尉は元文四年（一七三九）伊豆に達した。かくてロシアの東方経略はその緒につき、千島列島に沿うて南下し来り、安永八年（一七七九）イワン＝アンテピンは厚岸（あっけし）に到達した。

ロシアはシベリヤ開発に伴って、多量に要する日用生活物資を遠く本国より補給する代りに、手近な日本より求めようと欲するに至った。

ラックスマン来る

女皇エカテリ十二世はこの目的のため、漂流民幸太夫ほか二名を送還する機会を以て日本との通商を開こうと思つて、ラックスマン中尉を派遣することにした。中尉は一七九二年（寛政四）九月二十五日オホーツク港を出発し、十月二十一日根室に到着し、そこに冬営した。

幕府においては彼と交渉するため石川将監（忠房）及び村上大学（忠礼）を派遣することとなり、両使節は寛政五年（一七九三）三月二日松前（まつまえ）に来た。ラックスマンは「エカテリナ」号に乗って根室を発し、六月八日函館に入港し、陸行して松前に赴いた。ラックスマンはシベリヤ総督の公文を示し、漂流民の受取り方と通商の開始とを要求したが、通商に関しては、それが長崎官衙の所管であるとの理由から、同地に回航するように勧め、長崎入港の許可証を与えた。

信牌を与う

ロシアではこの信牌（しんぱい）を一つの特権を得たものと解釈し、この特権を拡張するために特命全権大使を日本に派遣することが皇帝アレキサンドル一世によって決定せられ、大使にはニコライ＝ペトロウィッチ＝レザノフが任命せられた。

レザノフの来航

レザノフは「ナデジュダ」「ネヴァ」の二艦を率い、漂流民佐平・津太夫・儀平・太十郎の四名を伴い、アレキサンドル一世より日本皇帝への親書及び贈物——勲章・玻璃（はり）器・陶磁器・ゴブラン織・小銃・拳銃等——を携え、一八〇三年（享和三）七月二十七日、クロンシュタット軍港を出港した。

それより両艦はイギリスに立寄り、カナリー群島より大西洋を横断してブラジルのサンタ＝カタリーナ島にて大修理を施し、それより南航してケープ＝ホルンを廻りマルキーズ群島及びハワイを経て、一八〇四年（文化元）七月四日カムチャトカのペトロパウロウスク港に到着した。

レザノフはここで護衛兵を乗艦せしめ、「ナデジュダ」に搭乗して八月二十六日出港し、十月九日（文化元・九・六）長崎に投錨（とうびょう）した。

レザノフの来航は、この年先に入港した蘭船「マリア＝スサンナ」及び「ヘヂナ＝アントアネット」が風説書として提出していたので、長崎奉行及び幕府は知っていた。

幕府の指令

長崎奉行の冷遇

幕府は全権大使に対して礼遇を与え、出来るだけ寛大な取扱いをするように長崎奉行に対して訓令したが、奉行肥田豊後守（頼常）及び成瀬因幡守（正存）の態度は頗る冷酷無情を極め、その梅ヶ崎における陸上宿泊所の如きは、全く牢獄にもひとしかったと彼等は記している。また彼等の希望であった出島訪問・市内遊覧などは一切拒絶せられ、憂欝な半ヵ年を獄屋まがいの所で過さねばならなかった。漂流民の一人太十郎は、十年振りに故国の土を踏みながら、発狂して自殺を企てるに至った。

ナデジュダ艦長クルーゼンステルンは、「もとより我等は他の諸国民より優遇せられようとは望み得る筈がなかった。……然し決してただ冷遇を予期してはいなかった」と憤懣の意を漏らしている。

幕府の回答

このようにして待った幕府よりの回答は、江戸参府を許さぬ、贈物は受取らぬ、通商は許さぬというのであった。かくしてレザノフは非常な悪感情と憤激とを持って長崎を去った。

このように特命全権大使に対する礼を欠き、その上幕府が許した寛大な指令にさえも背いて、何故に長崎奉行は冷酷な取扱いをしたのであろうか。思うにそれは、オランダの独占的日本貿易を脅かすものを排除せんとする、出島商館長の策動に動かされた結果に外ならないと認められる。

ズーフに踊らさる

蘭館長ヘンドリック＝ズーフは外交にかけては辣腕家であった。彼があらゆる手段を講じてロシヤ使節を日本官憲に近づけまいとしたことは明らかである。奉行成瀬因幡守がただズーフの意のままに操縦せられて、重大な結果となったことは遺憾至極であるが、世界事情も知らず外交の何たるかも弁えない日本人の通例としては、また致し方なかったのではなかろうか。

「ナデジュダ」は三月二十日（一八〇五）長崎を出港し、北上して五月一日宗谷海峡に入り、同三日樺太アニワ湾に入り、松前藩運上所の状況を視察した後、翌日出港し、二十四日にペトロパウロウスクに帰着した。

レザノフの報復手段

レザノフは帰港の途上長崎における冷遇に対する報復手段――日本侵略計画――を練った。彼の腹案の骨子は左の如くである。

日本侵略計画

(一) 露米会社は全力を挙げて日本侵略を行う。これがため艦船を建造し、兵員の募集を行う。その発動時期は一八〇六年（文化三）とする。
(二) 攻撃目標はまず樺太亜庭湾とし、樺太を占領し日本人を駆逐する。
(三) 次に蝦夷本島を攻撃し、日本の植民地を破壊し、漁業を全滅せしめ、二十余万人の生活を失わしめる。
(四) 日本船を拿捕又は破壊し、進んで日本沿岸航路を杜絶せしめ、国民の生活物資を欠乏せしめる。
(五) かくして兵力を以て政府を威嚇し、国民をして政府の外交政策を非難せしめ、強制的に通商を開かしめるように誘導する。
(六) 樺太及び千島にロシヤ植民地を建設する。

以上の構想はこれを実現するに充分の自信があって作られたものであった。

クルーゼンステルンの記述

クルーゼンステルンはその航海記において、長崎の防備は、ヨーロッパの最も貧弱な漁村に等しく、アニワ湾の占領は一兵をも失わずして容易に成功し、我に十六門の大砲と六十人の兵士を載せた船二隻があれば、日本の全艦隊を撃沈することが出来る、と書いている。

レザノフは帰港後復命書を宮中顧問官フォードル＝フォッセに托して本国に帰らしめ、次に日本侵略指揮官に海軍大尉ニコライ＝アレクサンドロウィッチ＝フォストフを、補佐官に海軍少尉候補生ガヴリィル＝イワノヴィッチ＝ダヴィドフを任命した。

レザノフの訓令

レザノフは六月十二日ペトロパウロウスクを出港し、シトカ島に到り、新設中のノヴォ＝アルハンゲルスク要塞の工事を視察中、フォストフ大尉に対し次の訓令を与えた。

㈠　日本遠征用としてこの地に於て二隻の武装船及び一隻のブリッグ船を建造すること。

㈡　兵員を募集すること。

(三) 日本侵略はレザノフ自ら指揮に当ること。

(四) フォストフ大尉は二隻の武装船を率いてアニワ湾の日本植民地を攻撃し、同地にある物資全部を掠奪し、搭載出来ない分は住民に与えること。

(五) 努めて住民を鄭重に待遇し、賞牌を授与し、ロシア帝国臣民たることを宣言すること。

(六) 附近に日本船あらばこれを拿捕破壊し、乗員中技師又は職工あらば捕虜とすること。

(七) 寺院あらば聖像及び祭器を全部持出し、僧侶一名を捕えること。

右の訓令を与えた後、レザノフはサンフランシスコに到り、再びノヴォ＝アルハンゲルスクに帰着したときには遠征準備は完成していた。

計画変更

然し自ら遠征隊を指揮することを取止め、フォストフ大尉をして代らしめ、自らはオホーツクより陸路帰国することとした。

第二訓令

そこで彼は一八〇六年八月八日（文化三・六・二四）次の命令を下した。

㈠ 「ユノ」はレザノフの乗船としてオホーツクに回航した後、フォストフ大尉これを率い、アニワ湾に至り、僚船と合同してこれを指揮すること。

㈡ ダヴィドフ候補生は「アウォス」を率いてアニワ湾に先行し、「ユノ」を待ち合わすこと。

㈢ フォストフ大尉は両船が合同したならば、第一号訓令により行動すること。

レザノフの帰国

かくてレザノフは「ユノ」に乗船してオホーツクに至って上陸し、ヨーロッパに向って出発した。然るに彼は出発に臨み、九月二十四日付で追加訓令をフォストフ大尉宛に送った。大尉はこれを開封して見ると次のようなものであった。

第三訓令

㈠ 余は曩（さき）の訓令に多少の変更を加える必要を認めた。艦の故障及び逆風は余等の航海を遅延せしめ、遠征の時期が遅れたため、貴艦は急ぎアメリカ（ノヴォアルハンゲルスクを指す）に帰港するを可とする。これアニワ湾にての「アウォス」との会合時期が遅れ、漁業期も終了したため、予定の成果を期し難い故である。

(二) ただ風位が順で、多大の時間を要しなければ、アニワに到り住民へ贈物を与え懐柔するように努め、併せて同島を視察すること。

(三) 貴官の任務はアメリカ帰港を以て完了するが、アニワ湾視察は慎重にし、僚船に会したならば本訓令を伝達せられたい。

周囲の事情により急遽本港を退去するのやむなきに至ったことを深く遺憾とする。

フォストフの判断

この訓令を受取ったフォストフは非常な疑問を抱き、その点を確かめるため旅館を訪うたが、レザノフは既に出発した後であった。

そこでフォストフ大尉は矛盾した二つの訓令を如何に解すべきかに迷ったが、結局独断専行するより外に道がなかった。

何故にレザノフは一旦決心した日本侵略を中止するような訓令を発しなければ

ならなかったか。想うに、外国との開戦の如き重大事を勅許を経ずして実行するのは余りに無謀であると考えたからではないか。さればといって長崎で受けた侮辱に対する悲憤は押え難く、これを中止することは癪にさわるし、結局曖昧にして、責任を逃れんがために出発したのではないか。

レザノフは大陸旅行中の過労と、不自由な生活のために健康を害し、一八〇七年（文化四）三月一日クラスノヤルスクで病歿した。

フォストフの決心

フォストフ大尉は第一訓令による日本進撃を中止すべきではないと判断して行動に移った。一八〇六年（文化三）十月初め、彼は「ユノ」を指揮してオホーツクを出港し、十月二十二日大泊に投錨し、次いで九春古丹に移り、翌二十三日（文化三・九・一二）自ら六十名の陸戦隊を率い、上陸して松前運上所を襲い、倉庫内にあった米・酒・煙草・器具・被服類一切を掠奪し、弁天社の神体を押収し、番人富五郎ほか三名を捕え、二十九日出発してペトロパウロウスクに帰港した。

九春古丹掠奪

この事件は翌年に至るまで誰も知らなかった。翌年三月松前運上屋角兵衛なる元締が、宗谷に来て始めて知ったのである。

パラノフの第二次遠征訓令

フォストフ大尉の行動は露米会社より嘉賞せられ、翌年再び決行すべく準備を訓令せられた。そして同会社総支配人アレクサンドル＝パラノフによって第二次遠征の訓令が発せられた。その内容は全くレザノフの第一訓令と同様であった。

内甫掠奪

フォストフ大尉は指揮官として「ユノ」を率い、ダヴィドフ候補生は「アウォス」艦長としてこれに従った。艦隊は文化四年四月七日(一八〇七・五・一四)ペトロパウロウスクを出港し、千島列島に沿うて南下し、四月二十三日エトロフ島内甫(ないぼ)に投錨した。ここには警備兵がいなかったので、四十名より成る陸戦隊は、倉庫にあった塩・米・鮭・鱒・〆糟・酒等を奪い、家屋・倉庫を焼いた。

舎那攻撃

両艦はそれより西航して四月二十九日舎那(しゃな)に入港し、守備兵と戦い、上陸して糧食・雑品等を掠奪した。このとき間宮林蔵も陸上に在ってその状況を目撃した。

日本船撃沈

五月二日両艦は舎那を出港して二十一日樺太大泊に到り、番所及び倉庫を焼き、翌日ルータカに放火して利尻島に到り、松前藩船宜幸丸・幕府の官船萬春丸、その他附近にて松前船貞祥丸・誠竜丸を掠奪の上焼き、六月五日に至り、捕虜として艦内に留めていた大村治五平ほか七名を陸上に放ち、二名を艦内に止めて北上し、一八〇七年七月十六日（文化四・六・一二）オホーツクに入港した。

フォストフの禁錮

然るに突如フォストフ大尉はダヴィドフと共に捕えられ、「ユノ」「アウォス」は抑留せられ、公私の文書・掠奪品等一切を押収せられた。

以上が文化三ー四年における北辺事件の梗概である。

二　フェートン号事件

ナポレオン戦争

革命によって混乱したフランスは、一七九四年（寛政六）頃より新たな国民結合を以て、ナポレオンの統帥の下に対外活動を開始し、まず低地方を攻略してオレンジ

ウィルレム五世の逃亡

公ウィルレム五世を逐い、新たにバタビヤ共和国を作り、フランスと攻守同盟を結んだ。

二つのオランダ

英国に逃れたオレンジ公は、別に英国と同盟を結び、オランダの植民地を英軍の保護下に置くこととした。そこで東洋に於けるオランダの植民地は、この二つの勢力――英・仏――の間の争いの的となった。

喜望峰・セイロン・マラッカ等は英軍が占拠したが、ジャワのみはオランダ東インド会社総督ピーター＝ヘラルドス＝ファン＝オーフルストラーテンの統治下に、依然として従前の帰属を維持した。

アミアン条約

一八〇二年のアミアン条約により、英・仏・スペイン及びバタビヤ共和国との平和を回復し、蘭領植民地は返還されたが、翌一八〇三年五月の英国の宣戦により、再び東洋の蘭領は英・仏二国の争奪の目標となった。

オランダ植民地の状態

その結果喜望峰・インド各地のオランダ商館・セイロン・マラッカは英軍の占

領するところとなったが、ジャワは依然として蘭領の統治を継続した。

英国東印度艦隊の使命

これに対し英国は、サー＝エドワード＝ペリュウの指揮する東インド艦隊を以てジャワと清国及び日本との間の通商破壊を行うこととした。

フェートン艦長ペリュウ大尉

ペリュウ少将の第二子フリートウッド＝ブラフトン＝レイノルズ＝ペリュウは当時海軍大尉であったが、一七九五年（寛政七）父が東インド艦隊司令官として赴任するとき伴われて東洋に来た。

一八〇八年（文化五）父が中将に進級して英本国に転任した後も、彼はフリゲート艦「フェートン」（砲三十八門）の艦長心得として東洋に残り、新司令官ヅルーリー少将の揮下に入った。このとき彼はバタビヤ・長崎間の定期航路に就いている蘭船を拿捕（だほ）すべしとの命令を受けた。

文化五年（一八〇八）長崎においては待たれた蘭船も来ず、その来航の時機も過ぎたので、長崎奉行は海上見張りを撤し、諸番所及び砲台の守備兵を減じ、甲比丹（カピタン）に対しては蘭船不入港の理由書を差出さしめた。

異船長崎入港

然るに八月十五日(一八〇八・一〇・四)突如としてオランダ国旗を翻えした一隻の船が港外に現われた。そこで恒例の如く奉行所よりの検使の乗艇と共に、出島よりはディルク＝ホゼマン及びヘリット＝スヒンメルの二館員並びに三名の通詞を乗せた船を出し、異船が神崎附近に来るのを待ってこれに近づき、船の国籍を問うたところ、オランダの船であるとの答えを得た。

蘭人捕えらる

暫らくすると異船よりボートをおろし、蘭人の乗った艇に近づき、蘭人にボートに乗り移れと命じたが、これに応じなかったので、本船より声あり、これに応じてボート乗員はホゼマンを捕え、更に剣を抜いてスヒンメルをも引き入れて本船に帰った。

蘭人と同船していた吉雄・猪股・植村の三通詞は海中に飛び込み、検使の船に逃れた。

奉行の激怒

この報を得た奉行松平図書頭康英（ずしょのかみやすひで）は、烈火の如くに怒り、検使に対し直ちに蘭人を取戻し来れと命じ、佐賀藩聞役（ききやく）には増援隊の急派を命じ、佐賀・福岡両藩に対しては、慶長の蛮船焼打の例に倣（なら）って焼草・火船等の準備を命じ、砲術師範薬師寺久左衛門に対しては、各砲台の整備・弾薬の配付を命じた。このほか薩摩・肥前・肥後・筑前・長門・対馬・平戸・大村・久留米・柳川・小倉等十四藩の聞役を呼集（こしゅう）して出兵を命じた。

この間に日は暮れた。異船よりは三隻のボートをおろし出島の大波止場の附近に来り、転じて港内を一周して帰った。

英国軍艦旗を掲ぐ

翌朝本船よりボートをおろし、ホゼマンを乗せ、監視していた検使艇に近づき、飲料水及び食糧を得ば蘭人を釈放すべし、との艦長の奥書ある蘭人の手紙を渡した。そうして異船は初めてホワイト・エンサインを掲揚して、英国軍艦たることを表示した。

蘭館長はこの手紙を翻訳して差出したが、文中に「今日中に食物を送らなければ、明朝日本船・唐船をも焼き払うべし」とあったので、奉行は満面を朱の如くにして怒り、不埒千万なり、要求の品を送るべからずと命じ、佐賀藩聞役関伝之丞及び筑前藩聞役花房久七を呼んで、戦闘準備を命じ、英艦焼打ちの用意をなさしめた。然し両藩とも警備兵はおらず、全員を集めても英艦の乗員数に及ばないと云う有様で、如何ともし難く、蘭館長も英艦の有力にして到底敵すべからざるを説いたので、奉行も遂に恨みの涙をのんで食糧供給を許した。

奉行万策尽く

かくてホゼマンは、大通詞石橋助左衛門と共に牛・鶏等を携えて「フェートン」を訪れたが、艦長はなお馬鈴薯と薪とを要求し、これを持ち来らなければ二人を釈放せずと述べたので、これを約束して蘭人二名の引渡しを受けて帰った。

糧食を供給す

奉行はそのまま英艦を出港せしめるのを遺憾なりとし、何とか一撃を加えなければならないと、港口に石船を沈めること、焼打ちすること等を計画したが、いずれも急速に実行することが出来ず、万策盡き、無念の恨みを呑んで食糧供給を承諾した。

そこで石橋助左衛門は、八月十七日(一八〇八・一〇・六)水船・薪・馬鈴薯等を送ったので、艦長は蘭館長に宛てた一通の手紙を残したまま、正午出港して長崎を去った。

英艦の出港

英艦出港後、大村藩の兵、次いで肥前・筑前の兵も陸続として到着したが、時既に遅く、如何ともせんすべもなく、ただ空しく切歯扼腕するのみであった。

奉行松平図書頭(康英)は、痛恨やる方なく、用部屋日記上条徳右衛門を呼び、涙を流し、「異船を打ちもらしたのは残念至極、恨み骨髄に徹し、身焼くが如くである」と語り、その夜は小宴を催して快談し、深夜五ヵ条の謝罪状をしたためた。

奉行五ヵ条の謝罪状を認めて自盡す

㈠検使が蘭人を奪われながら空しく引取ったこと、㈡かかる場合に応ずる手筈を定めて置かなかったこと、㈢異船のボートが港内を廻ったとき、番兵少なく看過したこと、㈣無礼な異船の要求に対し、兵力が少ないためこれに応ずるのやむを得なかったこと、㈤大村藩兵の到着がおくれたため報復の時機を失したこと、等を陳謝して自尽した。時に文化五年八月十七日であった。

以上がフェートン号事件の梗概である。

三　文化事変の影響――砲台増設

エトロフ事件及びフェートン号事件は殆んど同時に起った外国人暴行の事変であったため、日本国民に強い印象を与え、西洋人は口に通商を乞うも実は侵略を目的とするものであるという国民感情ができ上がってしまった。

その結果として、直ちに問題となったのは国防充実の問題――海岸砲台の増設であった。

長崎湾口の防備

長崎湾口の砲台は、江戸湾口及び箱館湾口のものと共に最も早く造られたものであるが、特に長崎港口の防備は、寛永十五年(一六三八)島原乱後設けられた遠見番所及び烽火台に始まるものである。その後承応二年（一六五三）に平戸藩の手によって最初の砲台が作られた。これを古台場という。左の七ヵ所である。

古台場

港内三ヵ所　太田尾　女神　神崎

港外四ヵ所　白崎　高鉾　長刀岩　陰尾

右台場の竣工後、世は太平となって、砲台の修理・使用も行われずに百十余年を経た。明和元年（一七六四）には烽火台が廃止せられ、明和六年（一七六九）には大砲発射を七年ごとに行うように改められた。

魯船取扱法

然るに文化四年（一八〇七）にエトロフ事件が勃発すると、同年十二月ロシヤ船打払令が発布せられ、長崎においては露船取扱法が定められ、露船入港のときの警備法が規定せられた。

この新警備法によって、佐賀・福岡両藩により交代守備せられていた古台場の外に、港内に七ヵ所の台場を新たに設け、その守備を地役人が受持つことになっ

新備場の受持

た。その位置及び受持は左の通りである。

番号	場所	受持	備砲
一	岩瀬道郷備場	代官高木作左衛門弟道之助	石火矢四挺　大筒三挺
二	稲佐崎備場	代官高木作左衛門	同右四挺　同右二挺
三	北瀬崎米廩	勘定普請役の内一人	同右五挺
四	大波止	町年寄薬師寺久左衛門	石火矢五挺　同右四挺　火矢筒一挺
五	出島	検使一人及び町年寄高島四郎兵衛	同右三挺
六	新地並俵物蔵	検使一人及び町年寄高木清右衛門	同右六挺　同右五挺
七	十善寺郷	検使一人及び町年寄薬師寺久左衛門弟又三郎	同右五挺　同右二挺　火矢筒二挺
合計			石火矢二四挺　大筒二四挺　火矢筒三挺

これがために長崎の地役人――代官・町年寄――が、初めて警備の一部を担当

することになった。

新台場

右のほかに古台場に隣接して新台場を築造した。その場所は次の通りである。

長刀岩　女神　神崎　高鉾　陰尾

右のほか、野母岬及び小瀬戸の番所に大筒を据付けることになった。

フェートン号が来航したときは、古台場・新台場とも守備兵がいなかったが、地役人の受持ちであった備場には直ぐ守兵を配置することができた。文化五年（一八〇八）十二月には肥後藩の警備船を以て港口閉鎖用鉄鎖の布設演習を行わしめ、また鉄製砲十門を鋳造せしめた。

備場増設

文化六年（一八〇九）三月には異国船渡来の際の警報伝達法を定め、更に左記四ヵ所に大砲備場を新設した。

野母　高浜　川原　樺島

増台場

文化七年（一八一〇）五月長崎奉行指揮の下に港外で舟戦の演習を行い、かつ左記四ヵ所の台場を増築した。これを増台場（ましだいば）と云う。

神崎三台　高鉾二台　長刀岩三台　魚見台二台

このようにして長崎の台場は着々と増強せられた。然しこれに装備する火砲は依然として効力の少ない和流のものであった。それで高島秋帆はその根本的な改良を唱道したのであった。これは出島台場の受持となった高島四郎兵衛の大きな感化に依るものであることに就ては後述することにしよう。

第二　高島秋帆の修養時代

一　高島家

遠祖

高島家の遠祖は、近江国(滋賀県)高島郡の領主高島河内守頼春に出ている。その庶子八郎兵衛は、故あって天正二年(一五七四)長崎に来り、居付いたという。

長崎の開港

長崎は元亀元年(一五七〇)大村純忠が平戸に対抗して、ポルトガル船を自領に招致するために開いた港で、天正七年(一五七九)この附近一帯の地をヤソ会に寄附したのもまた、右の考えによるものであった。

その後、長崎はポルトガル船の貿易の中心となり、ヤソ会の根拠地となった。この現状を見た秀吉は、天正十五年(一五八七)にこの地を収公し、ヤソ会士の追放を命じた。それ以来、外人の取締りは次第に強化せられた。

文祿元年（一五九二）に奉行・代官・町年寄等を置いて天領の行政自治制度を確立した。これが江戸時代にも踏襲せられて幕末に及んだ。

寛永十一年（一六三四）にはポルトガル人の市中雑居を禁止する布告が発布せられた。

葡人の市内雑居を禁ず

一、伴天連日本に乗渡事
一、日本之武具を異国に持渡事
一、奉書船之外日本人異国江渡海之事
　附、日本住宅之異国人同前之事
右之条々違犯之輩（やから）に於ては可レ被レ処（しよせ）二厳科（げんかに）一者也、仍下知（よってげち）如レ件（くだんの）、
　寛永十一年
　　五月二十八日　奉行

右の文面には異国人雑居禁止の条項は見えないが、奉行は右の条々を取締るた

出島の築造

め、ポルトガル人の市内雑居を禁止したのである。そのために彼等を纏(まと)めて居住せしめる必要が起り、出島を埋立てることになった。この工事は寛永十一年(一六三四)に着手して同十四年(一六三七)に竣工した。

出島町人

この構築に要した費用は当時長崎に在住した二十五名の富豪に命じて出資せしめたので、この二十五人を出島町人と呼んでいた。

高島四郎兵衛

高島家の祖先の名もその内に見出される。その人々は有馬休庵・宮崎孫兵衛・伊予屋半三郎・平野屋善右衛門・海老屋四郎右衛門・村山善左衛門・大黒屋善右衛門・杉岡半左衛門・大賀九右衛門・高島四郎兵衛・高石屋惣右衛門・加賀屋半右衛門・橋本久兵衛・久松新兵衛・後藤庄左衛門・高木作右衛門・堀九郎右衛門・村田宗有・高木彦右衛門・山岡平吉・平戸道喜・末次宗徳・犬塚十右衛門・肥前屋久兵衛・角屋三郎右衛門の二十五人である。それらの家々には消長があって後にはその名を知られない家もあるが、長崎の有力者で幕末まで続いた家は多くこの草創時からの有力な家柄であった。高島家もまたその一つであることは言う迄もない。

葡人の出島家賃

出島が完成に近づくと、寛永十三年(一六三六)頃からポルトガル人の島内への移転が初まった。そうして島内居住のポルトガル人は家賃として年額銀八十貫を支払うことになり、この銀は前記の二十五人に分配することに定められた。

島原乱後の衰弊

蘭人の移住

島原乱後寛永十六年(一六三九)にキリシタンを厳禁し、ポルトガル人とその縁故者及び邪宗教徒を国外に放逐することになって、出島は一時不況を告げたが、寛永十八年(一六四一)平戸のオランダ人を移住せしめることになり、出島の家賃も年額銀五十五貫に引下げられたが、再び繁栄を回復するに至った。

長崎の行政

長崎の行政は幕府の任命する長崎奉行二名のうち一名が現地に駐在してこれを行うもので、その下に代官があり、その支配下に七－八名の町年寄があり、そのうち普通四人が年番となり、自治的な行政が行われていた。各町内には住民を代表する町乙名(まちおとな)があって、下部組織を作っていた。

外国貿易は幕府の直轄たる長崎会所がこれを管理し、オランダ貿易と唐貿易とに分れており、その運営は会所調役（しらべやく）が掌っていた。

本荷　**脇荷**

貿易品には幕府の直営する品、例えば白糸（しらいと）（絹）・砂糖・銅・樟脳・薬品等があって、これを本荷と称したが、このほかに脇荷、またはカンバン貿易と称するものがあって、それは一面において商館長の許された範囲内の私貿易であり、他面においては将軍・老中・奉行・代官・町年寄等が好みの品を注文輸入する習慣的特権に属するものであった。

脇荷に対する支払は本荷とは別途とし、出島の蘭人が要求する生活必需品または日本の名産物等を以てし、これがために特に許された出島商人なるものがあって、蘭人の欲するものを納入していた。高島秋帆が購入した武器・蘭書・時計・望遠鏡などは、この脇荷貿易によったもので、それは奉行の監督を受け、会所を通じて行われたことは勿論である。長崎会所の運営を掌る調役（しらべやく）は町年寄のうち老巧なものから選ばれるのを通例とした。秋帆の父が町年寄の職を子に譲ると共に、会所調役となり、その頭取となったのはこの慣例によるものであった。

奉行職

町年寄

長崎奉行は地役人のうち、遠見番・唐人番・船番・町使・散使の五組を支配し、町年寄をして自治市政の責任を執らしめた。町年寄は合議勤番制で、各町の乙名・組頭・日行事（乙名の属僚）・オランダ通事・出島乙名・唐通詞・唐人屋敷乙名・通事目付・諸目利役・長崎会所目付・同吟味役・同会所役人等を支配した。このようにして長崎の民政・貿易等は実質的に町年寄の一団が掌握していたということが出来る。従って江戸幕府においてこそその身分は低いが、長崎においてはその権勢・家富は諸侯にも比すべきものであったという。

地役人のうちで最も格式の高かったのは代官であった。士分で奉行の代理者であり、そのほか天草の天領を支配していた。

町年寄は士分以下で、苗字・帯刀を許された町人であった。将軍の代替り及び自らの家督相続のときは出府して御目見(おめみえ)をなし、献上品を奉呈し、拝領物を受領して帰った。また家禄として貿易利益金の配分を受け、また扶持・御役料を賜わり、その他雑収入があった。それで各家では家来を抱えていた。

天保初年の頃の町年寄は左の人々であった。

福田安右衛門・久松喜平・五嶋市之丞・久松碩次郎（秋帆の実兄）・高島八郎兵衛・高島四郎太夫（秋帆）・福田源四郎・高木芸右衛門・薬師寺宇右衛門

其他の地役人

また右以外の主要な地役人は左の如くであった。

会所頭取　高木江太郎
御鉄砲方　高木蔵之丞
会所調役　高島四郎兵衛（秋帆の父）
同　　　　薬師寺久左衛門

天保十二年（一八四一）における高島家の状態は次の如くに見える（長崎名家略譜）。

高島家

高島氏大村町住　屋敷千二十四坪除税地
高七十俵五人扶持
受用銀四拾壱貫参百目四郎兵衛茂紀以来

二　父と彼の幼時

通称四郎太夫字は茂敦

このような家柄と境遇の内に、彼は寛政十年（一七九八）に呱々の声を挙げた。通称は糾之丞、後に四郎太夫、名は舜臣、字は茂敦、号は秋帆といった。晩年出獄後に喜平と改めた。

父四郎兵衛茂紀

父は四郎兵衛茂紀で、彼はその三男であった。長男は夭し、次男は碩次郎といい久松家（町年寄）を継ぎ、彼は高島家を継いだのである。

父の感化

秋帆に、その幼少時といわず、彼の一生を通じて最も大きな感化を与えた人は、ほかならぬ彼の父四郎兵衛であった。

文化元年（一八〇四）にレザノフが長崎に来て六ヵ月も滞在していたとき、四郎兵衛は町年寄の一人として、露艦に糧食や船舶修理材料等を供給する任務に就いた。秋帆はこのとき僅かに七歳であったから、別段の印象などという程のものを受けたとは考えられないが、おろしや（ロシアを当時そう呼んだ。）人に最も近く接することが出来た父の物語を、幼ない頃に聞かされたことは確かであろう。

文化五年（一八〇八）のフェートン号事件のときの騒ぎの際は、彼は既に十一歳に達していたから、父四郎兵衛の奔走・斡旋のあわただしかった記憶は、残っていたであろうと思う。

父、出島備場受持となる

特に前年（一八〇七）から台場の増設が行われ、四郎兵衛が出島砲台の受持を命ぜられることとなったことは、秋帆の運命を決定する機縁となった。

蘭人居留地出島への出入は厳重な規定があって、これを許可せられることは非常にむずかしいことであった。町年寄や会所調役等の最高権威者でも、何か特別の理由なしには許されなかった。蘭人と接触する職務を有する通詞でさえ、当番以外には許されなかった。然るに四郎兵衛が出島内に設けられた台場の受持を命ぜられて以来は、これに関する諸種の用件があったため、たびたび出島に出入した。恐らく長崎にある如何なる人よりも、出島に出入する最大の特権を持ったであろうと思う。

出島への出入

台場創設の当時は秋帆は僅かに十歳であったから、別にこれに関与したとは思われないが、長ずるに従って父の指揮下に砲台勤務に従事し、父の跡を継いで町年寄となって以来は、自らその台場受持となったから、彼は最も多く出島に出入し、最も多く蘭人に直接接触した人であった。

唐人屋敷備場の受持を兼ぬ

文政六年(一八二三)には唐人屋敷前台場も四郎兵衛に預けられた。

前述した通り、文化四年(一八〇七)以後は、長崎防備の一部を地役人が受持つこととなったので、幕府は地役人に対する砲術を教授するため、荻野流増補新術の創始者坂本天山の一門で、その砲術の伝統を継いだ坂本孫之進俊現を長崎に派遣した。

坂本孫之進俊現

孫之進は文化八年(一八一一)まで長崎に滞在したが、その間に四郎兵衛は、彼について砲術を学び、増補新術の免許を得、孫之進が帰東した後は荻野流の師範役となり、教授の門を開いた。

荻野流師範役となる

のち秋帆も父について学び、遂に伝を継いで荻野流師範役となった。

周発台

坂本天山の創始した荻野流増補新術は当時においては最も進歩した砲術であったということが出来よう。自由に旋回し俯仰(ふぎょう)し、駐退複坐(ちゅうたいふくざ)装置を有する周発台(しゅうはつだい)は、その原理においてヨーロッパにおける砲架の設計と同一のものであるが、その応用限度が百目筒――軽砲――に限られたもので、船舶防禦用としては余りに無力なものであったから、四郎兵衛の着眼は遂に西洋砲術に向けられたのであった。

秋帆が父の示唆(しさ)に従って、西洋火器に注目し、その研究に没頭したことも自然の成り行きであった。

従来秋帆が西洋砲術を研究するに至った動機は、全く父四郎兵衛の着眼と指導とによることが看却せられて、色々な憶説が伝えられている。

父死去時の誤伝

なおここで従来流布された誤りを訂正して置く必要がある。福地桜痴居士の秋帆伝を初め総ての年譜等は、父四郎兵衛の死去を文化十一年（一八一四）としている。これは恐らく町年寄の職を秋帆に引継いだ年を以て彼は死去したのであろうと想像したことによると思われる。彼はこの年、町年寄の職を子に譲って、自身は会所調役となった。そのことは前述した脇荷の注文書によっても知られるし、武雄（佐賀県）に残っている砲銘によっても証せられる。それについてはなお後述することとする。

四郎兵衛は天保七年（一八三六）七月二十五日に六十五歳で歿したのである。

三　西洋砲術修業の動機

三上参次博士は、秋帆先生追悼法会の式場で講演された中に（同講演筆記）、この問題について二つの説を紹介しておられる。

その一つは、大槻磐溪（ばんけい）が文政十一年（一八二八）に長崎に行ったとき、秋帆を訪ねて、白河楽翁公（松平定信）が題字を「尋雲」と染筆した当時の有名人の筆になる書画帖を贈った。その中に左の大田南畝の詩があった。

大田南畝の詩

北庭夜雪応㆓千古㆒　（北庭の夜雪千古に応ず）
独読㆓兵書㆒堅㆓茵席㆒　（独り兵書を読んで茵席（いんせき）堅し）
一発㆓西洋火器械㆒　（ひとたび西洋火器械を発すれば）
孫呉・甲越皆糟粕　（孫呉・甲越みな糟粕）

この詩を高島秋帆が読んで非常に感動し、西洋砲術を学ぶようになったというのである。

この詩は他にも伝わっている。滋賀県宮崎氏所蔵のものは、転・結の二句が次のようになっている。

一自二西洋一伝二火技一（ひとたび西洋より火技を伝えて）

孫呉・韜略盡陳腐（孫呉・韜略盡く陳腐）

右両詩とも意味は同様であるが、後者の方が語法が自然のようである。

田所左右次の談話

第二の説は土佐の洋砲開祖といわれる田所左右次が、直接秋帆から聞いた談というのが『南国遺事』（寺石正路著）に載っている。それによれば、シーボルトが参府の途中、秋帆も同伴したが、大坂で幕府の役人が城を指して、これは金城湯池であると自慢したのに対し、シーボルトはこれを嘲笑って、西洋には火弾というものがある。これを打ち込めば、ひとたまりもなかろうといったので、秋帆はこれを聞いて大いに発奮し、西洋砲術を学んだというのである。

右の二つの説はまことしやかに聞えるが、いずれも虚説で、ロマンに過ぎないことを証明しておこう。

洋砲の師

第一説は、高島秋帆が誰に西洋砲術の手ほどきをしてもらったかということを検討して見れば、その誤りであることが判ると思う。

デヒレニューへ

在来の高島秋帆伝によれば、蘭館長デヒレニューへに従って砲術を習ったということになっている。『大日本人名辞書』には、「デヒレニューへ長崎に来る。其人屢〻戦地を経歴して頗る火技に精(くわ)しと聞き、従つて其術を講究し、遂に秘訣を極め」と書いてある。呉(くれ)秀三博士の『シーボルト先生』中には、「天保の初来崎せしデヒレニューへと言へる人は、幸に身を軍籍に置き、屢〻戦陣にも臨みて砲術にも精しかりしかば、四郎太夫は之に就いて砲術を習ふ」たとある。

然しデヒレニューへ (Carel Herbert de Villeneuve) は、甲比丹(カピタン)でもなく、軍籍にあった人でもなく、もとより火技に精しくもなかった。彼はシーボルトが助手として長崎に呼び寄せた画家であった。彼は二十七歳で文政十二年（一八二九）、新婚の夫人「みゝ」を連れて長崎に来たので評判となった人であるが、秋帆が彼について砲術を学んだという可能性は考えられない。

秋帆が幕府よりの質問に応じて答えた書には自ら次の如く述べている（訳意）。

私は父の代より荻野流砲術師範を仰せ付けられまして、ほかの流儀のことを色々と研究したいと思っておりました。長崎は外国に対する防禦の場所でありまして、外国も近年は戦争打続き砲術も非常な進歩を遂げましたから、外国防禦には外国の仕法（しほう）を心得ていなければならないと思いまして、研究しようとしましたが、和解書（わげしょ）などでは判り兼ねますから、私は御用向のため出島出役を命ぜらております関係でたびたび参り、紅毛人（オランダじん）を呼び出し、通詞を以て質問を致しました。

その節はカピタン部屋へ砲術を心得ている紅毛人を呼び出し、出島乙名（おとな）・組（くみ）

頭(がしら)・通詞・目付などが立会っておりました。私は出島出役(でやく)でありますから、別に奉行所へ御届けなどは致さず、同所御用済の後か、または昼休み等の時間を利用していました。

御鉄砲方の高木道之助は、出島に出向く役方(やくかた)でありませんから、砲術問合せのため必要の場合は、奉行所へ願い出て御免になって行くのでありましたが、私は蘭船入港中は毎日出島に詰めていましたから、時々質問を致しました。また必要な場合は、武器を許可を得て取寄せておりました。

また小銃は持渡りの際、取調べが済まない内は出島に置いてありましたから、その折に打方・取扱い方・隊伍編制などをやってもらって一見しました。

オランダ人の誰から伝授を受けたというわけでなく、少しでも知っている者に問合わせることにしまして、これに私の考えなどを加えて門人どもに伝授をしたわけであります。（原文は勝安房著『陸軍歴史』巻一、二二頁）

このように彼は誰から砲術を習ったかということを明らかにしていない。しかしヨーロッパでも砲術は専門的な知識に属することであるし、これを修業した砲術師(Büchsen meister)や火業人(Feuer werker)はそうざらにいるものではない。それで必ずその頃出島に専門的な知識を持った人が来ていたに相違ないと思われるのである。

ヘンドリック＝ズーフ

文化年間から長く長崎にいた商館長ヘンドリック＝ズーフは、何ら砲術に関する知識が無かったのみならず、彼は一般ヨーロッパ人が考えていたと同じく、砲術のような重要な軍事知識を日本人に教えることは好ましくないと考えていたらしく、フェートン号事件の翌年(一八〇九)六月十七日長崎に入港した蘭船「フーデ＝トラウ」号に乗っていたオランダ海軍士官二名を、海防に関する顧問としてわが国に招聘したいという長崎奉行からの申し出を、体(てい)よく拒絶したのであった。

オランダ士官招聘の請を斥く

ズーフの後任者で文化十四年(一八一七)に来朝したヤン＝コーク＝ブロムホフも何

スチュルレル大佐

ら砲術の知識がなかったが、その後任として文政六年（一八二三）七月六日に着任したヨアン＝ウィルレム＝ド＝スチュルレルは陸軍大佐であった。彼は十四歳のとき砲手となって入隊し、累進してナポレオン戦争にも従軍した歴戦の勇士であった。彼はフィリップ＝フォン＝シーボルトと共に来り、文政九年（一八二六）の江戸参府にはシーボルトを伴って出府したが、シーボルトの余りに放恣専断な行為を怒って、遂に仲違いをした。

ナポレオンの事績

江戸滞在中高橋作左衛門（保景）は彼からナポレオン一世の興亡を聞き、これを筆記したのが即ち『丙戌紀聞』である。

私は高島四郎兵衛父子が西洋砲術を学ぶに至った最初の師を、このスチュルレルであろうと断定する。デヒレニューへなどと誤ったのは、恐らく桜痴（福地）居士の『高島秋帆』からであろう。それではなぜ、スチュルレルの名は隠されていたのであろうか。

シーボルト事件

スチュルレルは後任のヘルメイン＝フェリックス＝メイランと交代して、文政十年（一八二七）バタビヤに帰った。然るにその翌年（一八二八）八月シーボルト事件が起り、多くの人が連累として獄に下った。そしてシーボルトに対しては、「貰受候品は取上げ、以来国禁申付ける」と宣告した。国禁とは日本入国を禁ずることである。

スチュルレルの国禁

然るに同時にスチュルレルに対しても左の申渡しがあった。

　シーボルト参府の節罷越候かぴたんすてゆるれる儀も、不行届の事に付、以来渡海を禁じ可レ申候。（文政十二年）九月長崎奉行

というのである。

このときの商館長メイランは長崎奉行に対し、シーボルトの処分は判るが、スチュルレルに対する処分は何故であるか、速かに取消しを乞うといった。これに対する奉行の答えは、監督不行届の責任を問うたものであるという日本流の共罪思想の返事であった。

西洋砲術最初の修得者は父四郎兵衛

こうしてとも角も、スチュルレルは罪を犯した者ということになった。そこで秋帆も、後年その名を顕わさなかったものであろうと推定するのである。なおここで一言したいことは、西洋砲術を初めて習ったのは秋帆ではなくてその父四郎兵衛であったことである。これについては残っている証拠もあるから後述することとする。

かように秋帆の西洋砲術修得は文政六年（一八二三）まで遡ることが出来る。故に文政十一年（一八二八）蜀山人（しょくさんじん）の（大田南畝）詩によって着想したなどとは考えられないのである。

第二の説は、文政九年（一八二六）シーボルトの参府旅行に秋帆が随行したかどうかということを調べて見ればわかる。

その時の同行者ははっきりわかっている。高島四郎太夫の名は同行者中には見えない。それは当然で、町年寄などが随行する筈がないからである。またシーボルトともあろう者が、「火弾（ボンベン）を打ち込めば一溜りもなかるべし」などと不謹慎な語を出すことなど、常識では信じられないのである。

以上のように高島秋帆の西洋砲術修業の動機を、ロマンティックな原因に結び付けることは出来ない。やはり父四郎兵衛が外国軍艦を相手とする台場の受持となり、その砲術を教授する師範役として、日本の持つ火砲及び砲術の貧弱さを痛感し、その向上を計るために西洋砲術の師を求めて、スチュルレルにこれを得た。その後秋帆も父の職を襲いだので、父の志に随って共に研鑽するに至ったものと解すべきであろう。

西洋砲術修得の真の動機

四　蘭学の研究

蘭語を知らぬ蘭学者

秋帆は蘭語を学ぶ職務になかったため、蘭語には通じていなかった。それでその意味からは彼を蘭学者ということは出来ないかも知れない。然し日本には蘭語を話せない蘭学者が多く出て、大きな仕事をしている。例えば渡辺崋山・佐久間

ヘーグ文書中の秋帆の質問書

象山・佐藤信淵・江川太郎左衛門等の如きはやはり蘭学者の系列に入るべき人々であろうから、私は秋帆を蘭学者の一人であったと呼びたいと思う。

彼の蘭学の研究を明瞭に示す資料は天保元年（一八三〇）以降のもので、それ以前のものは未だ見当らない。

板沢武雄博士が、ヘーグ文書館でその日本の部、一八三〇年（天保元）の帙中に綴られている蘭文の質義応答書――毛筆書き半紙十三枚（表紙共）――を発見せられ、写し取って帰られたものに左記のものがある。

表紙には

van Nö1 tot 41, over De Bomben en brandkogels voor de Weldelen Heer Takasima Sirotayu Sama, Opper burger meister.

（町年寄高島四郎大夫様のためにボンベン及びブラント・コーゲルに関して。一号より四一号に至る。）

となっている。内容は三十三ヵ条の質問と応答とから成っていて、その文章中に一番から四十一番の番号が附してある。今その初めの二ヵ条を引いて見ると、

一、ボンベン（破裂弾）又はグレナーデン（柘榴弾）の準備について如何に心得うべきか。

（これに対する答がある。）

二、前述の鋳型によりボンベン又はグレナーデンを準備する場合、不可消物質を詰めたボイス（火管）をその穴に挿入し、それに点火した場合、過早にボンベン又はグレナードの火薬に引火しないようにするためには、ボイスに関し如何に取扱うべきか。（これに対する答がある。）

などとなっている。それ等の箇条を見ると、ナポレオン戦争後急に発達した破裂弾（bomb）・柘榴弾（granade）・照明弾（lichtkogel）・焼夷弾（brand kogel）に関する研究を中心としたものであることがわかる。

この研究は当時ヨーロッパにおける最も進歩した火術の核心を摑んだもので、

高島秋帆の眼識の凡庸でないことを証するものである。

次に蘭書の蒐集は如何にして行われたか。勿論輸入によるものが主なものであるが、これには父四郎兵衛・兄久松碩次郎などが彼に協力したことがわかる。注文書に現われた蘭書の輸入は次の如くなっている。これらが実際到着したかどうかに就ては多少の疑問があるが、ほぼ入手したものと認めなければなるまい。

天保五年（一八三四）に対する注文書に見える蘭書は次の二種である。

○Reglement der infanterie, Soldaten, Pelotons en battaillons School en evolution van lienie, doch niet met vragen en antwoorden.

（歩兵操典、各個・中隊及び大隊教練、散兵の隊形変換、問答書附属。）

○Geisweit, G. A. van der Netten : Onderrigt wegens het Schiet-en Zydgeweer. 's Gravenhage en Amsterdam 1823.

（ヘースワイト著、射撃用剣付銃に関する教範）

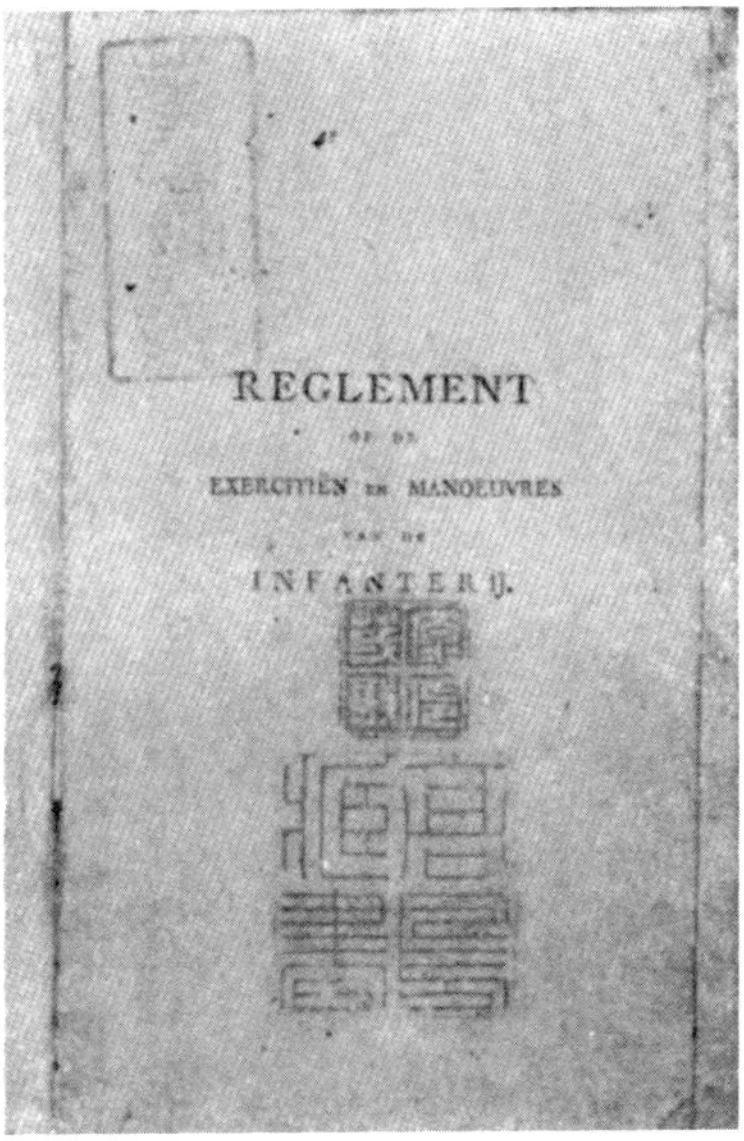

秋帆旧蔵蘭書（国会図書館所蔵）

高島秋帆の所蔵蘭書は天保年間における最大の蒐集であったが，投獄の際没収せられ，現存するものは二冊のみである。ここに示したものはオランダ軍の歩兵操典である。Reglement op de exercitie en manoeuvres van de infanterie. s'Gravenhege,（1）Soldaten-School（2）Pelotons-School.

天保六年（一八三五）に対する注文書に見えるものは、

○Volks Natuur Kunde（国民自然科学）　一冊

○Weiland Woordenboek（ウェイランド辞書）　一冊

○Zee-Artllerie（海上砲術全書）　一冊

○砲術に関する良書の紹介

天保七年（一八三六）に対する注文書には、

高島四郎兵衛注文の分――千八百二十年以後の砲術書

とある。

セッセレルの火技書

以上のほかに、セッセレル著『主要火工品製造に関する便覧』という書物がある。その原名は

Sesseler, J. W.: Handboek ter vervaardiging van Ernstvuurwerken, zoo als die by de Nederlandsche Land-en Zee magt in gebruik zyn. te Delft. 1823.

である。この書物は商館長ヨハネス＝エルドウィン＝ニーマンから贈られたものではないかと思われる節（ふし）がある。これは通詞の名村貞五郎元義に訳してもらって、

遠西火攻精選

その完訳が天保十四年（一八四三）にでき上り、『遠西火攻精選』（十三冊）という名で流布（るふ）

された。これは十九世紀に入って著わされた砲術書の日本における最初の翻訳書である。

右のほか、彼が天保十三年（一八四二）に所持していた蘭書の目録があるから、これによって彼は当時に於ける最大の蘭書蒐集家の一人であったことが明らかにせられている。

押収蘭書目録

天保十三年十月二日に秋帆は長崎で逮捕せられ、その日長崎奉行は彼の家宅捜索を命じ、所蔵していた蘭書全部を押収した。そして翌年正月、これを身柄と共に江戸に送り、三月上旬に天文方立合いの上で作成した目録が次の通りである。この目録は日本文で作られているが、私はその原書名を知り得た限り附記しておいた。

（朱書）「鳥居甲斐守（忠耀）勤務中天文方立合相改候蘭書表題　高島四郎大夫所持之分」

い、マーリン字書　大本　二巻

Marin, P.: Groot Nederdeutsch en Fransch Woorden boek. Dortrecht, Amsterdam. 2 dln. 1730

ろ、ウェイランド字書　一部六巻

Weiland: Nederduetsch Taalkundig Woorden boek. Amsterdam 6 dln.

は、ラテン字書　一部一巻　（原書不明）

に、ウェイランド諸術芸字書　同一巻

Weiland: Kunst Woordenboek.（現存するものは一八四六年版）

ほ、マルチン字書　小本同一巻

Martin: Beredeneerd Nederduitsch Woorden boek.

へ、イペイ分析術書　一部九巻

Henry, D. Willian（蘭訳）; Adolf Ypey: Chemie voor beginnende, liefhebbers, 9 dln. Amsterdam. 1803.

と、カステレイン分析術書　同三巻

Kasteleijen, P. J.: Chemie Oefeningen, 3 dln Amsterdam 1785–1788

ち、本草図譜　横本同一巻（原書不明）

り、セッセレル火術書　同一巻　但六部有レ之、（原書名前項参照）

ぬ、海上砲術書　同一巻

Calten, J. A.: Leiddraad by het Onderrigt in de Zee-Artillerie. Delft. 1832.

る、鋳大小砲法を記す書　二部

但、一部は一巻画折入有レ之、今一部は大本にて画図一巻、説は別に一巻とす。（原書不明）

を、和蘭本国の鉄の論　一部一巻

Verhandeling over het Nederlandsche ijzer,'s Gravenhage. 1823.

わ、フンンキ解剖書　一部一巻（原書不明）

か、歩卒の大将の手引と申す書　一部二冊　但し三部有レ之、（原書不明）

よ、陣中手帳　一部二冊（右同）

た、軍中必用袖珍本　一部一冊　但二部有レ之、

Bruyn. A. W.: Militaire Zakboek. 's Gravenhage.（一八三九年版現存）

れ、サファルト氏著築城案説　一部二冊　但し三部有レ之、

Savart, N. (Fr.) Nanning, F. R.（蘭訳）: Beginselen der Versterkings Kunst. 2 dln 's Gravenhage, Amsterdam. 1827-1828.

そ、フォン・デッケル著歩卒騎兵鉄砲の三件の心得を記したる書　一部二巻

但二部有レ之、

Decker, C. von (Ger) Boecop. Baron, L. van（蘭訳）; Taktiek der drie Wapens, infanterie, Kavallerie. en artillerie. 2 dln Breda, 1831, 1833.

つ、ハステウル著兵学書　一部三冊

Pasteur, J. D.: Handboek voor de Officieren van het korps ingenieurs, Mineurs, en Sappeurs, 3 dln 1825, 1826, 1827.

ね、ヘウセル著軍卒手引書　一部三冊

Beusher, W. F.: Handleiding voor Onder Officieren tot de kennis der theoretische en practische wetenschappen der Artillerie. 3 dln 1834, 1835, 1836.

な、ヒュギュエニン著焼紅弾説　一部一冊　但三部有レ之、

Huguenin, U.; Verhandeling over het gebruik van gloeyende Kogels. 's Gravenhage. 1819.

ら、ヒュギュエニン著踴射之説即重冲説　一部三巻

Huguenin, U.: Verhandeling over de rechochet schoten, Hage, 1818.

む、サウサイー砲術字書　一部一冊（原書不明）

う、ネッテン馬書　一部二冊

Geisweit, G. A. van Netten, : Handboek der paar den kennis, voor den burger en krijgstand. 1817.

ゐ、スキルトホウウェル著火薬製法説　一部二冊　但五部有之

Schilt-Houwer, Hoey : Verhandeling over het fuskruid. Delft. 1818.

の、シカルンホルスト著袖珍兵書　一部一冊

Scharnhorst, G. von : Militair Zakboek. 'sGravenhage, Amsterdam 1823.

お、スチールチース著石火矢台造法説　一部一冊

Stieltjes, G. T. : Handeling tot de Kennis der verschillende soorten van batteryen. Breda, 1832.

く、フォン・デッケル著小戦記　一部一冊（原書不明）

（以下略）

以上蔵書目録の一部によってもわかるように、彼が蒐集した文献は、(一)三兵戦術、(二)築城、(三)工兵、(四)砲術、(五)馬術、(六)火工品、(七)歩・騎・砲操典、(八)重量物運搬、(九)鋳造・冶金、(一〇)管理、(一一)射撃学、(一二)語学、(一三)自然科学、(一四)医書等に亘っていることが知られる。これ程の蔵書は、幕府天文方は勿論、諸侯においても当時比肩するものはなかったと思われる。

五　西洋武器の輸入

高島秋帆の西洋軍事学研究は、単に文献のみによるのでなく、その実物を入手して、これを実地に演練したのであった。

彼の輸入しようとした西洋武器の種類と数量とは、カンパン貿易(脇荷)による注文書にあらわれている。この注文書は翌年持ち来るべき品を前年注文するもので、

脇荷注文書

注文者は皇帝（将軍）・外国奉行青山下野守・長崎奉行大草能登守・牧野長門守、及び会所頭取高木恵太郎・御鉄砲方高木蔵之丞・会所調役（Kommissaries der geld Kamer）高島四郎兵衛・薬師寺久左衛門・町年寄福田安右衛門・高島四郎大夫ほか七名が名を連らねているが、この貿易にあずかる特権に浴したものも、ごく狭い範囲に限られていたことがわかる。

しかし秋帆は、父の分・兄（久松）の分・同姓（高島家）の分等をも合せて、十二分にこの特権を享受したように見える。

天保三年以後の注文書

今迄に私の知り得た注文書（天保頃の）は左の七通である。

一、天保三年（一八三二）に対する注文書〔ヘーグ文書番号一九三〕
二、同五年（一八三四）に対する注文書〔ヘーグ文書番号一九〇〕
三、同年（一八三四）に対する注文書〔バタビヤ文書日本三三号〕
四、同六年（一八三五）に対する注文書〔ヘーグ文書番号一九一〕

五、同七年（一八三六）対する注文書（右同番号一九二）

六、同年（一八三六）に対する注文書〔右同番号一九四〕（薬品のみ）

七、同年（一八三六）に対する注文書〔右同番号一九五〕

右の注文書はいずれも美濃紙に毛筆を以て蘭語で書かれている。ヘーグ文書は日本学士院にある、フォトスタッドで撮影したものの中から見出したもの。バタビヤ文書は岩生成一博士が手写して持ち帰られたものである。

各注文書の表紙には De Eisch van Zyn Mayesteit den Kaiser.（皇帝陛下の注文）とあるが、次のページには

De Eisch van zyn Mayesteit den Kaizer, verdere Heeren enz : worden aanstaan den handel jaare 1832.（皇帝陛下及びその他閣下方の注文、次の商業年一八三二年度分）

とあって、前述した人々の名前の次に注文の品名を記してある。

右文書中五－六の二通は、本論に直接関係がないから除くこととする。

一、天保三年の注文書には左の如く見える。

町年寄高島四郎大夫様

モルチール　一門十六ポンドを発射するもの、但、最新式照準器付。

空ボム弾　十個

右は慥(たし)かに到着していて、「天保三年持渡モルチール見取図寸法入」が今、神習(しんしゅう)文庫(無窮会)に所蔵されている。

モルチールの入手

二、天保五年の注文書へーグ文書の分には、秋帆の外にも武器を注文している。

武器注文の流行

町年寄福田安右衛門様

歩兵銃　三挺銃剣及び附属品付。

双銃身ヤーゲル　一挺附属品付。

町年寄久松碩次郎様

此砲の弾丸　百発(此砲とあるのは彼が三听野砲二門を所持していたからである。)

歩兵銃　二十挺附属品付。

閲兵式用喇叭　一挺

町年寄高島八郎兵衛様

双銃身ヤーゲル銃　三挺内二挺は前年注文の分、附属品付。

普通型スナッパーン　一挺附属品付。

町年寄高島四郎大夫様

十六ポンドボム又はグレナード弾鋳型　一個

歩兵銃　二十五挺附属品付。

十六听砲空弾　二十発

パトロンタス(弾薬包)十発

三、同年注文書のバタビヤ文書には右と重複するものもあるが、又ヘーグ文書に見当らないものも載っている。その分だけを挙げれば、

町年寄高島四郎大夫様

兵書　二種

婦人持懐中時計　五個

ウェイランド科学辞書　一部五冊

袖時計裏に種々の模様ある。　一個

望遠鏡　一個特に至急入用。

金メッキ時計の鎖・箱入・最良種　二百個

四、天保六年に対する注文で次のようなものが見える。

代官（Rents meester）高木作左衛門様

燧石　千個

会所調役高島四郎兵衛様

ゲスウィント・パイピー（導火管）　百ダース

ピストン（火管）製造器具　一組
町年寄久松喜兵衛様
望遠鏡　二挺
Zwarvel Stock（マッチ）導火管　百キスト
同　久松碩次郎様
最良の望遠鏡　一台脚共。
歩兵銃　十挺附属品共。
三ポンド砲弾用鋳型　三個
同　高島八郎兵衛様
スナッパーン　五挺一八三三年注文のものに同じ。
双銃身スナッパーン　三挺一八三二年注文図に同じ。
燧石　五百個

マッチ導火管　百ダース

同　高島四郎大夫様

Volks Natuur Kunde（国民自然学）　一冊

ウェイランド辞書　一冊

海上砲術全書　一冊

砲術に関する良書紹介　一

酒石酸　一カット

パトローンタス（弾薬包）　五〇個

歩兵銃　三十挺銃剣付、附属品共。

帆布　二巻

燧石を切る鋼鉄の器具　一個

十六ポンド砲弾鋳型　一個至急入要。

最良のクロノメーター　一個携帯用。
銀笛　一個軍用のもの。
ヤーゲル銃　二挺軍用、附属品共、至急入要。
ホウィツル十六听　一門附属品共、右同。
ホウィツル用グラナード弾　二十発右同。
五、天保七年に対する注文書中に見えるものは、
会所調役高島四郎兵衛様
望遠鏡　一個最良品、脚共。
千八百二十年以後の砲術書　一揃
町年寄福田安右衛門様
ピストル　一挺附属品共。
歩兵銃　三挺銃剣付、附属品共。

同　久松碩次郎様

歩兵銃　二十挺銃剣付、附属品共。

パトローンタス　三十個

三听砲弾鋳型　一個但、型を作る為の器具付。

ピストル　二挺騎兵用、馬具及び皮袋共、

同　高島四郎大夫様

歩兵銃　八十挺銃剣付、附属品共。

パトロンタス　百個

バンド用皮　百四十個

篩（ふるい）　一組セッセレル著火工精選附図第一図版第六図のもの。

六ドイムホウィッツル用グレナード弾　三十発

同砲用ドロイフ弾（葡萄弾）　十発

同砲用ブリック・ドース弾　十発
ボールバング（盤旋）　一組セッセレル附図第九図版第一一〇図のもの。
ボイス抜き（Buizen Trekker）　二個
マッチ早道火　三十把
ピストル　二挺
エナメル飾付婦人用袖時計　一個最新型。
臼砲用弾丸鏡板　一個セッセレル第八図版第八三図のもの。
士官用小銃　二挺

同　高島清右衛門様
歩兵銃　二挺銃剣付、附属品共。
ボイス科学辞書　一部
ウェイランド辞書　一部

輸入火器の総計

右の注文書に見える火器類を合計すれば次の如くになる。

町年寄＼年次	天保三（一八三二）	天保五（一八三四）	天保六（一八三五）	天保七（一八三六）	合計
高島四郎大夫	モルチール 一	歩兵銃 二五	歩兵銃 三〇 ヤーゲル 二 ホウイツル 一	歩兵銃 八〇	モルチール 一 ホルウイツル 一 歩兵銃 一三五 ヤーゲル 二
同清右衛門				歩兵銃 二	歩兵銃 二
同　八郎兵衛	スナッパーン 二	ヤーゲル 三 スナッパーン 一	スナッパーン 三		スナッパーン 六 ヤーゲル 三
久松碩次郎		歩兵銃 二〇	歩兵銃 一〇	歩兵銃 二〇	歩兵銃 五〇
福田安右衛門		歩兵銃 三 ヤーゲル 一	スナッパーン 一	歩兵銃 三	スナッパーン 一 歩兵銃 六 ヤーゲル 一
五島市之丞			歩兵銃 三		歩兵銃 三

秋帆が天保十二年(一八四一)に幕府に差出した書上(かきあげ)に依れば、

モルチール　一門天保三年入手。

ホウィッツル　一門天保六年入手。

野戦筒車台付 二門天保六年久松碩次郎注文の分の譲受。

歩兵銃　五十挺天保三年以後年々十挺又は四十二挺持渡のもの。

となっている。これを注文書の分と比較すれば、歩兵銃以外はよく合っている。歩兵銃は右計上以外に多数輸入しているが、恐らくその弟子を通じて九州の大藩主に譲渡したのではなかろうか。

右の注文書を一覧すると、秋帆が非常な熱意を以て西洋最新の火器と、その附属品・製造機械、並びにこれに関する蘭書類を求めたことを知ることができる。それと同時に、一族の町年寄その他が、彼の企てに同調して協力したことがわかる。いわば長崎の町民が彼の事業に好意をもっていたということができるであろう。

六　武器輸入の資金

『高島秋帆年譜』などに、「私財ヲ以テ之ガ購入ニ着手シ……之ガ為メ殆ンド家財ヲ蕩盡ス」と書いているが、これは信ずべからざることであることを一言述べて置きたいと思う。

秋帆が輸入品代に充てるため調達した資金は、概ね左の方法によったものと思われる。

イ、輸入品の転売
ロ、他藩のために大砲を鋳造す
ハ、俵物貿易の試み
ニ、同姓及び久松家の協力

右のほかに家財を投じたことは勿論であるが、これがため彼はその生活費を切り詰めて、窮乏するに至ったなどとは思われないのである。

第一の問題を検討する上には、輸入を行った脇荷の代価支払法等について当時慣行されていたことを一見する必要がある。

脇荷受取方

天保十二年(一八四一)に彼が出府したとき、幕府に呈出した書上(かきあげ)の内に次の如くいっている。

(一) 脇荷の注文は昔から許されている。即ち会所取引に響かない程度で奉行所へ願い出、その承認を経て紅毛(オランダ)方へ注文する。

(二) 右誂(あつら)え品名は奉行にて御聞届の上、一括記帳して、通詞を経てカピタンに送る(これが即ち Eisch boek である)。カピタンはこれを帰帆する紅毛船へ渡す。

(三) 翌年入港の紅毛船が荷物を持って来たならば、まず惣荷物仕送惣高書付を封印のまま出島へ送る。カピタンは諸役立合いの上これを開封し、通詞に渡し和解(わげ)せしめる。

㈣　和解書は会所商買向諸荷物品名並びに数量（以上が本荷貿易品である）、御役人様方誂（あつら）えの品、並びに御奉行・御代官・御鉄砲方・会所調役・町年寄迄の誂物（以上が脇荷貿易品である）を、そのまま奉行所に差出す。奉行所はこれを会所に下す。会所では書類を作り諸方へ通知する。

㈤　惣荷物の荷揚げが終ったならば、出島及び本船に検使が立合い蔵入（くらいれ）を終る。

㈥　荷物調書が出来たならば、これと引合せて物品調べを行う。それが終ったならば、カピタンは横文字で申立をする。この横文字を帳面に添え、「書面の通誂品持渡りたるにつき受取度旨」を奉行所へ上申すれば、奉行所にて許可の印を捺して下す。

㈦　右印済の上、紅毛方へその旨を通じ、通詞共品名書に従い、誰々の注文品は何々と、持出許可の裏印を通詞より奉行所へ願い出、帳面と引合わせ、相違がなければ裏印を押して渡される。

(八)　右の裏印を以て出島新番所の役々へ引合せ、品名・員数に誤りがなければ出島門を持出し会所に入れ、注文者はこれを受け取る。

ということになっている。

脇荷支払方法

なお脇荷に対する支払方法は次のようになっている。

右の品々は貰う(ひら)のではありません。代りの品を以て買い取ることになっています。代りの品はその時のオランダ人の好みに任せ、酒・醬油・塗物・蒔絵・道具・屛風・竹細工・反物・木綿等を渡しております。これは出島売込商人と云うのがありまして、その商人共よりオランダ人が買い取るのでありますが、オランダ人は彼等に代銀は支払わず、私共からその代価を支払っております。もっとも代りの品を渡すときはその都度奉行所へ伺い、御印が済んでから出島へ持ち込んでおります。（この原文は勝安房著『陸軍歴史』巻一にあり）

右のような手続によって注文品を買い取るのであるが、秋帆はこれによって買い

転売を証する書類

取った品を転売して、少なからぬ利益を得ていたものと思われる。

この事実を証明するものとしては、天保十三年（一八四二）のものしか残っていない。それには、薩摩藩の聞役から差出した書付には買入値段が記してあり、これに大目付の鳥居甲斐守（耀忠）が書き入れた原価があるからこれと比較すると、約三倍の値段で売払っていることがわかる。他の書類ではこの点はわからないが、秋帆が莫大の利益を得ていたことは推定に難くない。

(一)　薩州聞役提出の分（括孤内は鳥居甲斐守書入れ原価）

当寅年分（天保十三年 一八四二）

一、袂時計壱ッ　代銀五貫弐百四拾目（元代銀壱貫五百目）

金ニシテ八拾両　但、壱両ニ付六拾五匁五分替。

右代銀寅九月晦日相渡置申候。

一、星目鏡壱本　代銀三貫五百目（元代銀壱貫目）

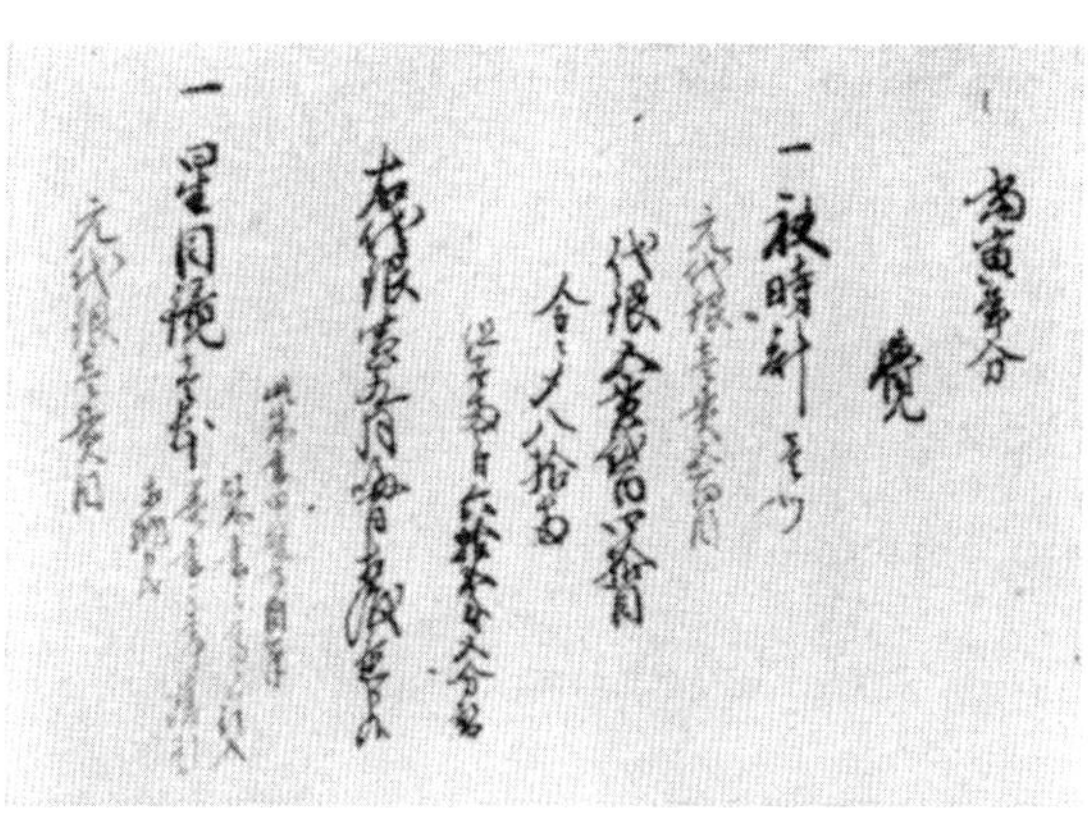

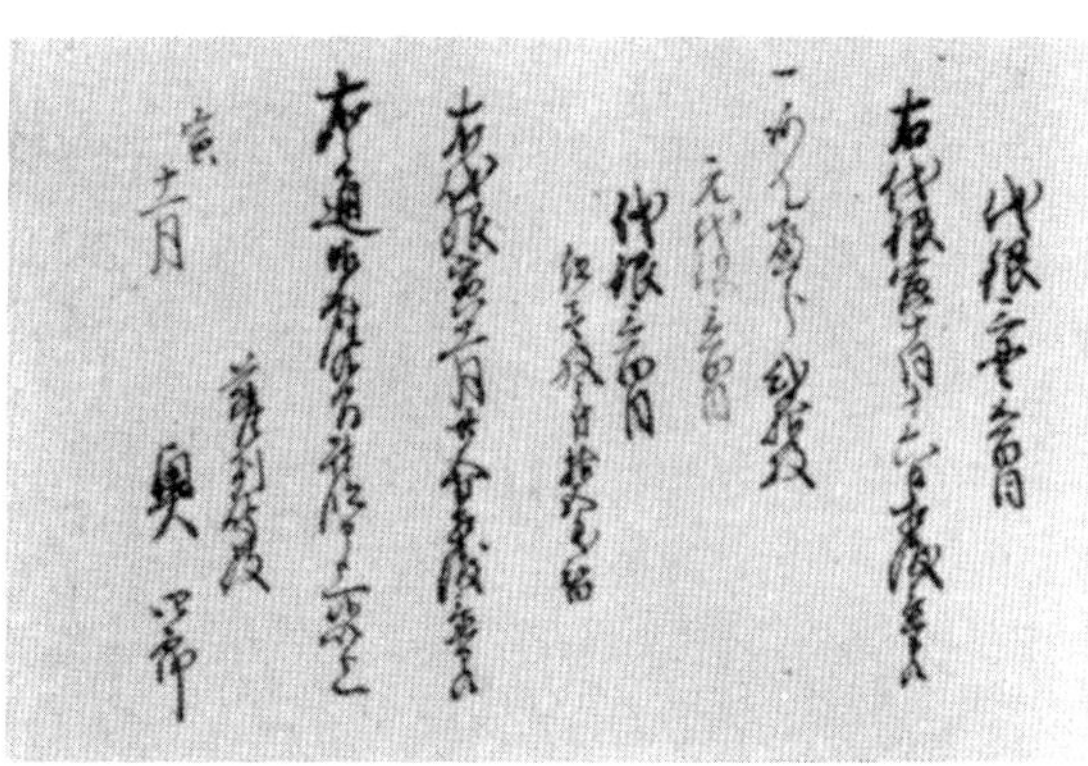

長崎一件（元勝海舟所蔵写本）の中
薩州聞役提出書類の一部

右代銀寅十月十六日相渡置申候。

一、あんへら弐拾枚　代銀三百目（元代銀三百目）

但一枚に付拾五匁替

右代銀寅十一月廿五日相渡置申候。

右之通ニ御座候間此段申上候以上

寅十一月　　　　　　薩州聞役　奥四郎

転売の利益

右時計と目鏡との二点に就て計算すれば、元価弐貫五百目のものを八貫七百四十目に売っているから、売価は約三倍半で、差引利益六貫二百四十目ということになる。

右のようにはっきりした利益関係はわからないが、売渡した数量の参考にもなるので各藩からの提出書類を摘記すれば、

各藩提出の書類

(二)　佐賀藩提出の分

当寅年分

覚

一、釼付筒三拾挺　一、玉鋳形壱挺　一、火打石三百　一、星目鏡壱本

一、焔硝　三桶

右の通り高島四郎大夫より買取り、代銀はまだ済んで居りません。（意訳、以下同じ）

寅十一月　　佐賀藩聞役　嘉村源左衛門

㈢　江川太郎左衛門より提出の分

当寅年分

覚

一、釼附鉄砲弐拾四挺　一、火打石五百

㈣　参河門人方へ遣わしたもの

当寅年分

一、鋲付鉄砲九挺

右の参河門人とは、田原藩士村上範致のことである（右四件柳生伊勢守聞済）。

(五)　肥後藩提出の分

覚

一、ボンベン壱ツ但、天保五年十二月買取。　一、火打筒四挺但、天保六年八月買取。　一、火打筒添早合胴乱二十一個　一、火打筒からひ皮弐筋　一、早合胴乱皮緒壱筋　一、火打筒金具廻シ弐ツ　一、火打筒洗火竿弐本　一、火打筒火打石百斗但、六件天保七年五月買取。　一、ボンベン三ツ但、天保七年七月買取。　一、火打筒六挺但、天保七年十二月買取。

右の通り高島四郎大夫より国許（くにもと）の池辺啓太が買取りました。

寅十一月　　肥後聞役　小嶋権兵衛

右は天保十三年の転売品の一部に過ぎないが、これによって彼が輸入した武器・

薬品・時計・望遠鏡等を各藩に転売して、多額の利益を挙げていたことが推定出来ると思う。

大砲鋳造の利益

第二の大砲鋳造の利益については、(イ)佐賀藩(武雄)、(ロ)肥後藩、(ハ)岩国藩、(ニ)幕府買上げのもののほかにはまだ資料が見当らないが、恐らく薩摩や黒田藩のためにも鋳造したであろうと考えられる。

武雄の大砲

(イ) 佐賀藩(武雄)に対するもの

昭和十一年に武雄の鍋島男爵家の庭の一隅から、高島秋帆父子が初めて日本で鋳造した臼砲が発見せられた。これは天保三年にオランダから輸入した二十ドイムモルチールと同型同寸法のものである。砲身上部砲口に近いところには鍋島家(武雄)の定紋「抱(だ)き銀杏(いちょう)」が浮かし鋳となっており、その後部火門の前方に蘭語で次の如く刻せられている。

In HET JAAR 1835 (Hollandsch), Eerst GEGOTEN TE JAPAN (和

蘭の千八百三十五年、日本に於て最初に鋳造せられたもの）

また砲身の裏面には

皇国莫児氏児(モルチール)開基　高島四郎兵衛源茂紀

　　　　　　　　　　高島四郎大夫源茂敦

日本礮術(ほうじゅつ)家従来未レ知ニ放造レ之、天保六年己未七月、令ニ鋳法門人嶋安宗八一鋳レ之、

の銘刻がある。

ここで注意すべきことは、皇国莫児氏児(モルチール)開基に秋帆の父が名を列していることである。この銘は秋帆の西洋砲術研究の指導が彼の父四郎兵衛によって創始せられたことを証するものである。

(ロ)　肥後藩に対するもの

肥後藩には秋帆の最も親しかった池部啓太がいる。彼は初め秋帆の父四郎兵衛

に入門して西洋砲術を学んだが、その死後は彼と同年齢の秋帆に師事して非常な信頼を得ていた。

肥後藩で西洋砲術を修めたものは、皆池部の門に入り、彼の手引きで秋帆に弟子入りするという形式をとっていた。

肥後藩の大砲

肥後藩の家老有吉市郎兵衛は天保八年（一八三七）二月池部啓太を経て秋帆に入門した。これによって彼のために造ったモルチールには左の銘が刻してあった。

皇国莫児氏児開基　高嶋四郎大夫源茂敦
日本礮術家従来未レ知放之　造レ之、
天保八年丁酉六月、令ニ鋳法門人島安宗八一鋳レ之、

このときは父が既に死去した後であるからその名は見えない。

(ハ)　岩国藩に対するもの

天保十三年高島秋帆が揚屋（あがりや）入りを命ぜられると同時に、家宅捜索を受け、家財・

現金を押収せられたが、その時家にあったのは銀五貫目（金にして百両程）と、このほかに岩国の弟子有坂淳蔵父子より注文を受けた大砲の代金の内金として送って来ていた百両とがあったと云う（勝安房『陸軍歴史』巻二）。それで岩国藩に対してはまだ大砲を造っていなかったことがわかるが、右の文書によって、モルチール一門二百両（推定）を以て売却されていたことを知ることができる。

幕府買上の大砲

(二) 幕府買上げの大砲

天保十二年高島秋帆が徳丸原（東京都板橋区）演習に使用した四門の大砲の内モルチール及びホウィツル各一門、即ち二門を幕府に買上げることになり、これに対し、幕府は金五百両を下賜した。この金額は正確には大砲の値段ばかりでなく、演練に要した費用も含められていたかもしれない。然しそれを計算に入れるとしても、臼砲一門の値段は二百両ぐらいに見られたものと思われる。

いずれにしても、彼が佐賀藩・肥後藩・薩摩藩等のために作った大砲は幕府買上げのものを加えると、千両以上に上ったことは慥かであろうと思う。これらの収入は秋帆に少なからぬ財源となったことは疑うべからざることである。

俵物輸出

右のほか秋帆が俵物（しょうもつ）輸出その他の商行為にも手を付けたことが、彼の取調べの書類によって判明した。彼に対する判決の理由書に、㈠唐船持ち渡り品の取扱い方が粗漏で、これを勝手に売捌いて利益を得たこと、㈡俵物役所において市中町人どもより借用する銀子の中に手代の名を以て銀主となり、また証文に奥書して多分の利銀を得ていたこと、㈢唐商へ売渡す和人参の中に、肥後池部啓太よりの依頼により肥後産の人参を加え売渡したこと、㈣俵物取引きに関し、これに関係者及び唐船主よりの願書を聞届けて便宜を与えたこと等を挙げている。また取調べの際、神代（くましろ）徳次郎の申立てによれば、唐船入港の際は一隻に付金七百五十両を口銭として会所に収め、四郎大夫の差図によりこれを費消したこと、また肥後藩池部啓太の取調書によれば、天保二年（一八三一）唐船へ渡すべき俵物が不足したため、肥後産の椎茸を買集めることを四郎大夫より依頼せられ、肥後小島町七兵衛所有のものを一斤三匁八分で買受け、これを長崎に廻わし一斤四匁弐分で会所に収め、数回に亘り千九百斤を売込んだこと、また肥後産人参を同国足軽田島忠右衛門より池部啓太を通じて高島四郎大夫に依頼したが、これをオランダ渡世(とせい)亥代治(いよじ)に一斤三十三匁で買取らせ、その後も数回に亘り肥後人参を雲州及び会津人参同様、鍛冶屋町五兵衛に取扱わせて納入し、これがため多額の謝礼を贈られたこと、また代官高木作左衛門支配の天草において、役所用銀を利用して多量の肥後米を買入れしめ天保饑饉に貯備したが、他方米の値上りにより多額の利益を得たことなどが挙げられている。

以上のことは事実として確認せられているが、これによって見るに、高島秋帆はその顔と信用とによって、あらゆる機会を利用し、堅実なる方法を以て利殖の方法を講じたことが知られる。

以上のようにして彼は西洋軍事学の研究のために多大の費用を投じたのではあるが、他方これに要する資金を、周到なる考慮の下に準備したことを閑却してはならない。また彼の実兄町年寄久松碩次郎等が彼の企てに同情し同調して、直接・間接に協力援助したことは説明を要しないことだろうと思う。

第三　高島流砲術

一　砲術の確立と内容

秋帆の多年に亘る研究の成果が纏って、一流を立てるようになったのは、武雄(佐賀県)のモルチールの銘記により天保六年(一八三五)と定めてよかろうと思う。

このときは父四郎兵衛も在世の頃であり、父も彼も、共に荻野流砲術の師範として、既に門戸を開いていたのであるから、彼の教授科目はこの流儀を含めたものであった。

天保八年(一八三七)二月に肥後藩有吉市郎兵衛が、池辺

秋帆の印

「火技之中興洋兵之開基」とあり、阿部伊勢守の撰文という。

啓太の長崎行に托して秋帆に差出した起請文は次の如きものであった。

起請文

一、荻野流の事

一、同新流の事

一、高嶋流の事

一、西洋銃陣の事

一、他流の秘事を替々に致すまじき事

　秘具等一切他見致すまじき事

一、御流儀に差加え一流を立て申すまじき事

右の条々、親子・兄弟たりとも他見・他言堅く致すまじく、若し相背くに於ては、日本国中大小の神罰を蒙るべき者也、仍起請文如レ件、

天保八年二月　　有吉市郎兵衛（血判）

高嶋四郎大夫殿

後になると右項目中の荻野流並びにその新流は削除され、高島流と西洋銃陣のみとなった。この高島流の要旨はその前書(まえがき)によって知ることが出来る。前書は天保十年に薩摩藩士に与えたもの、天保十二年に岩国藩士に与えたものなど小異はあるが、その趣旨は

高島流の趣旨

砲術は人を多く殺すというのを貴しとする。即ち多殺の術を以て不殺の用をなさんとするものである。これを神武という。予の術を学ぶものは宜しく重厚慎勤(しんきん)にして、切(せつ)に問い深く思い、未だ危(あやう)からざるに習い、未だ乱れざるに備え、常に以て軍威を張り、寇(あだ)をして畏縮せしめ来り侵すを得ざらしむべきである。

というにあった。またその内容は、

モルチール

一、モルチール並びにボムベ

ボムベの用意・装塡・仰角・導火の長サ・発射

ホウイツル

二、ホウィツル

砲身の吟味・薬袋カルドース・早導火・焼夷弾・照明弾・早合

カノン

三、カノン

行軍砲・車台・玉の吟味・葡萄弾・箱玉・数玉・瑣玉・火薬の吟味・貯蔵運搬・砲員・焼玉・台場

となっている。

西洋銃陣

右のほかに西洋銃陣というのがある。これは天保五年（一八三四）の注文書に見える「歩兵教練書一組」とあるものに依ったものであると思われるが、その内容は、㈠一般条項及び各個教練、㈡中隊教練、㈢大隊教練、㈣リニー教練となっている。

オランダ教練書

この教練書は年々改正になっていて、その頃のものとしては左の六種が将来されている。

㈠　一七九一年（寛政三）八月発布
㈡　一八一四年（文化十一）十二月二十九日発布第五五号
㈢　一八二九年（文政十二）十月十日発布第八三号
㈣　一八三三年（天保四）第八号発布
㈤　一八五五年（安政二）発布
㈥　一八五七年（安政四）発布

右のうち高島秋帆が入手して西洋銃陣として採用したのは第三の一八二九年法令のものではないかと推定せられる。

ナポレオン燧石銃

また銃陣用に使用した燧石銃、即ち天保初年から輸入した歩兵銃は、(イ)一七七七年型歩兵銃、(ロ)一八一五年型歩兵銃のうち後者の銃、即ちナポレオン燧石銃と通称せられる新式のものであったと思われる。

二　高島流の伝播（初期の弟子）

ナポレオン戦争後の東洋の事態が次第にわが国に或る種の政治的圧力として迫って来たことは、狭い出島の天窓より窺（うかが）った視野に限られていたとはいえ、西国の大名達は早くもこれを認識し、これに対処する一つの方法として西洋軍事学の重要さを認識したのであった。

幕府方の無関心

然るに幕府の要路者はこのことに関心が薄く、天保十二年（一八四一）に高島秋帆が徳丸原（東京都板橋区）に西洋砲術の演習を行った後、初めて江川太郎左衛門及び下曾根金三郎の二人へ、その術を伝授すべく許可を与えたのである。

西国大名の先見

他方西国の雄藩が人を派して高島秋帆の門をたたき、西洋軍事学の修得に着手したのは、幕府より五―六年も先んじていた。

この数年の先鞭（せんべん）が―極論すれば―慶応二年（一八六六）六月十四日長州征伐における、

小瀬川口の戦闘の勝敗を決したものということが出来よう。即ち対外的防備のために研鑽した西洋軍事学は、対内的にはこれを学ぶことの遅れた幕府を打倒したのであった。

天保十二年以前の弟子

このような維新の原動力となった西洋軍事学を率先して学び取った人々に就て、即ち初期における高島流砲術の流布の情況を以下に概述して見ようと思う。

一　池部啓太（肥後藩）

池部啓太は秋帆の最も早い弟子で、また「随身第一の門人」といわれ、秋帆の最も信頼した人であった。彼は初め秋帆の父四郎兵衛に入門したので、秋帆とは同門の相弟子というべき関係であった。秋帆と同年の生れで、彼は弾道学に造詣（ぞうけい）が深かったから、門人とはいうものの、高島流の確立には大きな内助的功労があったのである。

池部の家学

池部家は肥後藩の天文・暦学の家で、祖父春近は家老有吉家の臣であったが、家学に精通し、且つ小堀流の水泳師範を継いだので、抜擢せられて藩の直臣となり、百石を食んだ。甥春幸が家を継いだが、啓太春常はその子である。

伊能忠敬の九州測量

文化九年（一八一二）に伊能忠敬が全国測量の途次肥後に来たとき、啓太はその一行に加わり忠敬の指導を受けた。

末次忠助の門に入る

次いで同十三年（一八一六）長崎に至り、末次忠助の門に入った。

細川潤次郎撰『如泉池部君伝』及び岡松甕谷撰『如泉池部先生碑』には、池部啓太の長崎行は間五郎兵衛の推挙に依ることとなっているが、この頃五郎兵衛はラランデ取調の仕事を終って大坂に帰宅している時であり、且つ互に面会する機会はなかったと思われるから、前記両伝記の記事は誤りと認むべきである。恐らく間五郎兵衛が享和二年（一八〇二）七月、日蝕・月蝕観測のため長崎に来たときオランダ人にあい、新学説を求めたが答えを得ず、末次忠助にあって初めて年来の疑義を氷解することが出来たという談話を、間接的に聞いて末次を頼って行ったのではないかと思われる。

高島四郎兵衛に入門

次いで啓太は高島四郎兵衛に入門して砲術を学んだ。これは末次より学んだ弾道学を実地に験するためであった。

従って四郎兵衛の子四郎大夫秋帆と相識ることとなり、また四郎兵衛父子が高島流を創(はじ)めるに至って、その最初の弟子となったのみならず、彼の豊富な数学・天文学・弾道学に対する知識は、高島流砲術の内容を充実せしめることとなった。細川潤次郎撰の『如泉池部君伝』に、「高島氏の火技の盛んなる、君与(あずか)って力あり」といっているのはこれを指したものである。

有吉市兵衛秋帆に入門

天保八年（一八三八）に肥後藩家老有吉市郎兵衛が啓太の周旋によって秋帆に入門したことは前述の通りである。啓太もまたこの年高島流奥儀の免許を得ている。

肥後藩の西洋砲術はこの年より始まったと云うことが出来よう。藩主もまた彼の志を庇護し西洋科学の摂取を奨励した。

忠助、啓太に奥儀を授く

彼が末次忠助独笑に師事してから早や二十数年になった。この間啓太は往返十三回にも及んでその教えを受けたという。独笑はその師中野柳圃(りゅうほ)から受けた『求力論』『火器発放伝』『八円儀』『暦象新篇』『日蝕絵算』などの奥儀を残りなく啓太に授けた。

天保九年(一八三八)十月、啓太が熊本の家にあって昼食をしていると、長崎から使が来て独笑の病篤きを報じた。彼は箸を措いて直ちに出発し、百貫石より舟で島原に渡り、昼夜兼行して長崎に至り、師を病床に訪うた。独笑は彼を見て非常に喜び、なお最終の伝授を残していた「大砲発射、弾道速力理解推算法」等を挙げて彼に伝え終って、静かに十月二十九日に瞑目した。

家督相続

天保十年(一八三九)三月父長十郎春幸が歿したので、啓太は天文・算学・測量等の師範役を継ぎ、献言して西洋軍事学の採用及び兵制の改革を述べたが、藩はこれを採用し、天保十二年(一八四一)彼に命じてホウィツルを鋳造せしめ、兵制改革に参与せしめた。

秋帆に連坐し江戸押送揚屋入り

天保十二年の徳丸原演習が終り、翌十三年(一八四二)高島秋帆が江戸に押送せられると、彼もまた連累の嫌疑を以て江戸に送られ、伝馬町の揚屋に入れられた。

彼に対する取調べは遷延し、未決囚としての歳月は流れた。彼は心に死を決し、一死を軽しとするも年来苦心惨憺して学んだ学問の湮滅せんことを心配し、どうかしてこれを後学に遺したいと考えた。

獄中の苦心の著作

陰欝な獄舎は窮乏と不如意との生活であった。筆・墨・紙を得ることは殆んどできなかった。そこで一策を案出し、食事の余りを室の隅に播いて鼠を呼んだ。餓えた鼠はこれに集ってその鬚を落して行った。また彼は自分の髪毛を抜いて罠を作り、鼠の足にかけてこれを捕え、そのひげを抜いて放してやった。このようにしてやっと鼠のひげで筆を作ることが出来たということが伝えられている。また墨がなかったので汁椀の欠けているところから少しずつ漆を集めてこれを粉にし、水を加えて墨汁を作った。そうしてこの筆と墨とを以て鼻紙に縷々数万言を綴って『割円四線表』を著わした。これは三角函数の表であるが、これが完成に

割円四線表

万動理原

は獄中三ヵ年の日子（にっし）を費し、細字で書いた鼻紙四百八十余枚に上った。次に啓太は『万動理原』を著わした。これは弾道の原理を説いたものである。これら獄中における彼の苦心惨憺の結果になる著書は、出獄のとき携えて郷里に帰り家人や弟子に示したが、見る人皆涙を流し、袂を濡（うるお）さないものはなかった。残念なことに、この著書は、明治十年の兵火によって灰燼に帰し、今は残っていない。

釈放帰国

田結荘千里

弘化三年（一八四六）七月に彼は釈放せられて熊本に帰った。時に四十九歳であった。藩主は彼を優遇して西洋科学の研究を奨励した。弘化四年（一八四七）に大坂の人、田結荘千里（たゆいしょうちさと）が彼の名を慕うて熊本に来て入門した。彼は名を邦光と称し、通称斉治といった。若い頃大塩平八郎に就いて学んだので、その乱に連坐して投獄されたが、のち釈（ゆる）されたので西洋画を学ぼうと欲して長崎に来た。来て見ると堂々と入港する蘭船の壮観に打たれて嘆息し、今や絵の具などを弄（もてあそ）ぶ時機ではない、蘭学を修めなければならぬ、しかも国防の第一は西洋砲術によらなければならないと発憤し、転じて池部啓太の門をたたくに至ったのである。

啓太は彼の資質の凡庸でないことを認め、よく指導したので、学業の進歩著しく、僅かに一ヵ年で奥伝を許す迄になった。多年学ぶ他の弟子はその不平を師に訴えたが、啓太は笑って、君達のいうことにも道理はあるが、千里は蘭学ができるからなあ、と答えたので衆も黙したという。

桑土芻言

千里は弘化五年（一八四八）大坂に帰り、砲術を以て門を開き、弟子を教えた。そうしてその年師伝の『万動理原』と『打著表』に、自撰の『弾丸装薬二表用法』を合わせ、『桑土芻言（そうどすうげん）』と題して刊行した。

縄武館名誉教頭

江川太郎左衛門は、出獄した高島秋帆を迎えて江戸芝新銭座の縄武館（じょうぶかん）に西洋軍事学の講習を開いた。諸国の士その門に集るもの雲の如しといわれた。池部啓太も出府して屢〻この道場に臨んだ。縄武館では彼を名誉教頭として遇した。

安政二年（一八五五）に子春直が病死したので、姪弥一郎春之を養って家を継がしめた。然し藩は再び啓太を起用して隊長に任じ、砲術師範役とした。

同年十月幕府は長崎に海軍伝習所を開き、諸藩士の子弟の入所を許したので、池部啓太は選ばれてその第一回伝習生として派遣せられた。そこで彼は、航海術・天測術・天文学及び新式砲術の知識を得ることができた。

阿部雄助の手紙

阿波藩の数学家阿部雄助が熊本に来り、池部啓太塾の有様をその師小出長十郎に報じた手紙（安政三年六月十八日付）はよくその頃の事情を物語っている。

肥後の国でこの頃算術で百石に召出された甲斐滝次殿は、阿波の武市増助を経て再三文通をした人でありますから、この人をたよりに肥後に来ました。この人は東都（江戸）からこの程帰国していますので、再三尋ね漸く面会を致しましたが、忙がしいとのみいって取合わず、東都では渋川先生（春海）などに伝授を受けたと自分の手柄ばなしや自慢ばかりして、芸道の談などはしませんし、世話もして呉れません。自ら日本第一の名人だなどというのみで、実に失礼な男です。これに引きかえ、池部啓太先生に非常にお世話になり、養子弥一殿へ『円理算法釣題』等を伝授しまして、その上諸国から詰めている弟子にも私の説を用いてくれました。当地で池部氏は算家五家の上席で、算学校の頭領の由であります。その上西洋砲術方を兼ね、細川公より池部宅にお下げになって所持している分は左の通りです。

一、廿四ポンドカノン鉄造車台場一ツ　一、同廿四ポンド銅砲一ツ　一、三十二拇(ドイム)モロチール抱上一ツ　一、ホウィツル一ツ　一、ハンドモロチール五ツ　一、ペキシャンス一ツ　一、野戦筒七車　一、カロンナーデ一ツ　一、ゲベール数十丁　一、バッテイラ三艘　一、原書六七部　一、同訳書多数

このほか池部氏所持の分は、

一、ヲクタント舶来一　一、袖鉄砲二　一、町検道具舶来一　一、半円儀

振子利用の法

壹文計、江戸製一　一、牛角燈舶来一　一、ハルレイ原書一　一、馬上炮舶来二　一、航海図十六巻　一、ゲベル肥後製、見事ニ御座候。三丁　一、天地球近代写シ、星図ニ文字ナシ、可惜。二ツ　一、算術法舶来原書、弧度算法　一、円理釣題西洋原書一巻　一、ユーヘル天文書　一、諸国軍人物絵二巻

右のほかに『暦象考成』『暦象新書』『暦算』など皆所持していますが、『ラランデ』（天文書）『ペイボ』（暦書）はありません。そこで私が頼みましたので、近々長崎表（おもて）に注文せられました。もし舶来がありましたら、価は何程でも細川公がお求めになります。この程蘭書が高値になりまして、『ラランデ』も金子百両ばかり、『ペイボ』も三十五両も致しますので、中々私などの手には入りませんが、細川公がお世話になります。（中略）

池部氏発明に、西洋振子の理を以て、砲の道、火玉道（ひたまみち）、砲丸（ほうがん）の前後遅速算を

いたしていますが、随分面白いことであります。当家算術の弟子は五－六百人、砲術の門人が七－八百人おります。まことに大国かなと万事感心致しました。然し算術の方は諸家共にまだ開けぬ方です。私には砲術秘伝を教えてくれるといっていますが、もともと素養もなく、また炎暑のことゆえ止めることにしました。また奥山静三という蘭学引廻し役人について、『ガランマチカ』（文法書）と蘭算法など読みかけましたが、これも埒があかず、諸事碌々と暮しております。

（後略）

（安政三年）閏六月十八日

阿部雄助有清花押

小出先生

同由岐左衛門様

（右の原文は小出植男編『小出長十郎先生伝』にあり）

右の手紙は、実に池部塾の光景をまのあたりに見るような心地がする。

池部啓太は肥後藩における西洋科学啓蒙の祖であって、砲術・航海・造砲・天文等の道を開いたのみならず、弾道学においてはわが国における最初の射表――空気抗力測定による――の編纂者である。

彼は師秋帆に遅れること四年、明治元年(一八六八)八月十三日病を以て熊本で逝いた。年七十一。出京町妙教寺に葬られた。

明治三年(一八七〇)熊本藩は、彼の功績を追賞して、孫弥一郎に祭祀料を給した。

養祖父故池部啓太儀、壮齢より万国の形勢を察し、天下の人に先だち専ら富強の事業に力を尽し、実用の学術・法制等を開発致し、非常の患難をも顧みず、極老に及び候迄百方苦心致し候処より、砲術・航海の類、年を逐い相開け、遂に今日の興隆に立ち至り、抜群の功業に付、その魂を慰し、その忠を表するため、毎歳祭資料二十俵を遣わす。(原文「熊本藩国事資料」にあり)

庚午閏十月廿二日　藩庁

池部啓太の著書としては左のようなものが知られている。

『砲術矢位測量階梯』二巻、附録彖動一貫、天保四年　『割円四線表』弘化元年(於獄中)　『万動帰一』弘化二年(於獄中)　『砲玉行道図説』弘化三年　『鋳鉄焼夷弾着疑問』嘉永二年　『砲玉行道図説附録』嘉永四年　『熕学要本』？

『施条砲射擲表』文久二年　『仏米二砲射擲表』慶応四年

右の外、門人が池部先生伝として著わしているものに次のものがある。

『砲術弾道学起原』池部春常伝、越国(福井)佐々木忠卓編輯　『弾道篇解義』池部春常伝、佐々木忠卓・村田顕千輯　『桑土綢言』大坂田結荘千里撰、嘉永七(安政元)年(内に『万動理原』池部春常伝　『空実鉄弾冲極表』『打着表及用法』池部春常撰あり)

〔参考資料〕細川潤次郎撰『如泉池部君伝』甕谷文集『如泉池部先生伝』有馬成

甫撰『隠れたる科学の先覚者池部啓太』（科学知識・昭和五年十月号）

2 鍋島十左衛門茂義（佐賀藩）

佐賀藩の先手

佐賀藩は黒田藩と共に長崎湾口警備の任務を負い、隔年交代にその配備に就いていたが、文化五年（一八〇八）のフェートン号事件の際は、佐賀藩が当番の年であったので、長崎奉行の自盡に伴って数名の自決者を出したことは、同藩上下に甚大な印象を与えたのである。

その中にも、武雄藩・諫早(いさはや)藩及び深堀は、長崎警備には先手(さきて)の任務を持っていたので、蓮池・小城(おぎ)・鹿島の大支藩及び他の多久(たく)・白石・須古(すこ)・神代(こうじろ)の四藩より以上に特別な関心を持っていたのである。

佐賀藩の内政が紊乱した巍松公時代の武雄藩主は鍋島越後であったが、天保元年（一八三〇）に嫡子十左衛門茂義に家を譲り、藩財政の顧問格——請役(うけやく)相続方総心遣——となった。然し間もなく天保三年（一八三二）八月十日に隠居した。

藩主直正との関係

佐賀藩の明君といわれる直正（閑叟）の襲封は天保元年（一八三〇）二月七日であり、この年家を継いだ十左衛門の配は斉直（巍松）の庶女易姫であった関係で、彼は直正に重用せられ、同年八月十四日請役兼相続方の職に就いた。請役は政治上の執政であり、相続方は財政経済上の支配役であったから、彼は事実上直正の藩政改革の中心人物であった。

古賀穀堂

古賀穀堂が起用せられて学館が起り、節倹令が発布せられて武備充実の挙に出たのも十左衛門の献策によるものであった。然るにこの改革を喜ばない一派があった。その中心は老侯斉直であった。たまたま天保三年に、彼は出府しようとした。それを十左衛門を初めとする国老は財政の都合で暫らく延期せられんことを乞うた。これは斉直の激怒するところとなり、三国老初めその他の重役は、四十余日の閉居を命ぜられた。

十左衛門の隠退

そこで十左衛門は家老職を辞して武雄に引込むこととなった。これが彼をして、西洋軍事学の研究に全力を傾倒して没頭せしむるに至った機縁である。

直正の襲封

鍋島直正は襲封(しゅうほう)後天保元年(一八三〇)三月二十八日に佐賀城に入ると、直ちに受持警備区域である長崎に至り、四月七日に湾口台場の巡視を行った。台場の主任は鍋島十左衛門であったが、この砲台の整備については直正も共に大きな関心を持っていた。

平山山平の入門

当時長崎における高島四郎兵衛父子の名は既に知られていたので、十左衛門はその家臣平山山平(後の醇左衛門)をして四郎兵衛について西洋砲術を学ばしめた。時に天保三年(一八三二)八月であった。これが佐賀藩における西洋軍事学の開基である。その後前述のように十左衛門は武雄に引退し謹慎の期間も過ぎたので、天保五年九月自ら長崎に赴き高島父子に面会し、弟子の礼をとって入門した。

十左衛門の入門

翌天保六年四月藩主直正は十左衛門の西洋砲術修得を聞き、本藩士坂部三十郎明矩(あきのり)を十左衛門に入門せしめた。十左衛門は野砲その他の砲の雛形を作って公の覧に供した。直正はこの時初めて西洋砲術を知り、爾後非常な熱意を以てその修得・普及に盡力した。

秋帆武雄に来る

この年(一八三五)の秋、高島秋帆は武雄を訪ずれ、わが国において最初に鋳造したモルチールを携行してこれを十左衛門に渡し、永野村台場においてボンベンの射撃を行い、十左衛門に莫児氏児術皆伝を授けた。この大砲は現存している。

十左衛門の起用

これより先き同年五月十日、佐賀城二の丸が焼失したので直正は十左衛門を起用して普請役とし、その補佐として鍋島隼人を附け、城郭復旧と共に兵制及び兵器の改良を図らしめた。

直正武雄に来り親閲

天保八年(一八三七)に佐賀藩は秋帆を介してオランダに武器の注文を発し、これを入手した。また同十一年(一八四〇)九月直正は岩田において西洋砲術を親閲した。このとき十左衛門は病臥中であったので指揮をとることができず、坂部三十郎をして代らしめた。

臼砲

高島秋帆がその父四郎兵衛と共に、佐賀藩武雄侯のためにわが国で最初に鋳造した二〇拇臼砲。銘には次の如くある。

IN het Jaar 1835 (Hollandsch) Eerst gegoten te Japan

皇国莫児氏児開基　高島四郎兵衛源茂紀高島四郎太夫源茂敦

日本砲術家従来未知放之造之。天保六年乙未七月令鋳法門人嶋安宗八鋳之。

第一日は九月六日で、岩田において射撃が行われた。ホウィツルは射距離五町半(約六百米)で実弾七発、臼砲は射距離六町半(約七百米)でブラント゠コーゲル(焼夷弾)三発、ボンベン(榴弾)三発を、坂部三十郎の指揮によって発射した。また銃陣差図役平山醇左衛門及び浦田八郎左衛門の指揮によって西洋銃陣の操練が行われた。

第二日は九月十一日の夜、水ヶ江御茶屋においてリュクト゠コーゲル(照明弾)の発射が行われた。この弾は秘中の秘事となっていたので特にこの場所を選んだという。

直正本藩に西洋砲術修業を命ず

かくてこの演習は非常な好成績を以て終ったので、直正は十左衛門以下を賞し、十左衛門には西洋砲術相伝の骨折りに対し鯣(するめ)一折・白銀十五枚を賞し、その家来一同に対しては銀盃一・白銀三十枚を賞し、本家(ほんけ)の家中にも西洋砲術の修業を命じた。

そこで十左衛門について学んだ者に増田安兵衛・秀島大七等があり、翌天保十二年（一八四一）には田中作左衛門・村山章助・坂井左兵衛・増田忠八郎等があり、その翌十三年三月に年寄鍋島市作が入門してより佐賀城下に蘭砲稽古場を設けることとなり、平山醇左衛門をして一ケ月の中十五日を佐賀屋敷に詰めさせ、その輔佐として浦田八郎右衛門・横田善吾を附し、一般家士のために稽古日を三八の日に開放した。

蘭砲稽古場

西洋流を威遠流と改む

また西洋流の名を改めて威遠流と呼ぶこととなったが、これは秋帆の疑獄事件に繋累（けいるい）の及ぶことを避けるためであった。

大砲鋳造所

同年また十五茶屋に大砲鋳造所を設け、大小の銃砲を製作することとなった。これに関係した人々は、製造方平山醇左衛門・田中佐左衛門、金銀受払増田文八郎・坂井左兵衛・秀島大七、鋳物師谷口良三郎などであった。天保十四年（一八四三）二月二十日には、右製造方において製作した大砲十三挺の試射を行い、成績良好であったので、十挺は深堀へ、三挺は武具方に交付した。

弘化元年（一八四四）にはオランダより大型モルチールを購入して伊王島砲台に備え付け、また製造方においては蘭式小銃百挺を製造した。

これは佐賀藩における西洋流砲術普及の最初の事情であるが、弘化以後直正は非常にこれを奨励し、且つ藩の財政を傾けて造砲に専念し、遂に長崎湾口神島・四郎島・伊王島の各砲台を整備するに至る端緒をなしたものであった。

武雄鍋島家には今これら蘭学創始の功績を物語るかのように、多くの蘭書と十五門に上る火砲とが残っている。

〔参考資料〕『鍋島直正公伝』『佐賀藩海軍史』『佐賀藩銃砲沿革史』

3　鳥居平七（後の成田正右衛門）（薩藩）

モリソン号山川入港

天保八年（一八三七）七月十日に問題となった米国船モリソン号が薩摩の山川港に入港した。そこで異国船打払令に従ってこれを撃攘するため、薩藩では家老島津久(ひさ)

風(かぜ)統率の下に荻野流砲術師範役鳥居平八(兄)・同平七(弟)に門人を率いさせ、山川港に派遣した。

打払の効なし

鳥居兄弟はモリソン号が陸岸近く投錨して数百米の距離にあるのを見て、七月十二日早朝射撃を開始した。時に風がないため抜錨(ばつびょう)しても船を移動せしめることが出来ず、やむを得ず砲火に暴露するの外なかったが、幸いにして薩兵の射撃が拙劣で、数百発のうち命中弾は僅かに一発に過ぎず、またその命中弾さへも何等の損害を与えることが出来なかった。そこでモリソン号は辛うじて虎口を脱し、風を得て澳門(アモイ)に帰港した。

高島秋帆に報告す

モリソン号が山川を去ってから、この始末を長崎奉行に報告するため薩藩は用人新納(にいろ)主税(ちから)久品を長崎に派遣した。新納は奉行に報告した後に高島秋帆にあった。秋帆は既に西洋砲術の研究において名を知られていた。秋帆は彼に対し、貴藩は海国であるから、外寇に対する武備がなくてはならないといって、一挺のオランダ式ゲウェール（燧石銃）を贈った。新納はこれを携えて帰藩し、家老島津久風に伝えると共に、藩主斉興（なりおき）に報告した。そこで薩藩では鳥居兄弟を長崎に派遣して秋帆に入門せしめ、西洋砲術を修得せしめることとなった。これは天保九年（一八三八）二月のことであった。

鳥居兄弟の入門

鳥居平八・平七の兄弟は鋭意精励して、翌天保十年五月には、秋帆より相伝の免状を受けて帰藩した。その免状の前書（まえがき）に秋帆は次のようなことを書いている。

免許状前書

砲術は殺傷力の大なることが本質である。然るに今わが国で伝えているのは、巧みなようではあるが、蛮国の数百年前のもので、既に実用に遠いものである。それを諸家では門戸を張って、如何にも秘伝のように思っているが、実は遊戯に等しいものである。余はこれを嘆いて西洋の術を研究してみたところ、極めて精密なもので、その上戦争の実地に試み、大いに改良したものである。余は多年これを習練し、始めてわが国にない術を啓（ひら）くことが出来た。

素(もと)より皇国の用に供せんことを願うものであるが、その人に非ざれば妄(みだ)りに伝えてはならぬ、云々(うんぬん)。

兄平八の死

天保十二年(一八四一)に、鳥居兄弟は再び長崎に至り、秋帆についてその蘊奥(うんのう)を学んだが、兄平八は遊学中病のため客死したので、平七が奥伝を得て帰った。薩藩の西洋砲術は彼を以て開祖とするものである。

天保十三年に藩は秋帆の手を経て蘭式燧石銃百挺を購入した。また弁天築地において、モルチール・ホウィツル及び野戦筒を鋳造した。

射撃演習の検閲

同年三月十八日、城外中村の海浜(騎射場)において、それらの大砲を以てする射撃演習を行った。藩主斉興は家老島津久風等を随えてこれを検閲した。この日使用した大砲は左の通りである。

二十拇(ドイム)臼砲　一門

十三拇臼砲　一門島津中務所有

十五拇ホウィツル　一門

五百銭野戦重砲一名攻城砲　一門

百五十銭野戦砲　二門島津中務・町田助太郎所有

射撃は臼砲二門、おのおのボンベン弾六発・焼夷弾三発・照明弾三発・烟弾三発ずつ。ホウィツルはボンベン弾三発・ガラナード(榴散弾)三発・ブリッキドウス(箱弾)五発。野戦砲三門はおのおのブリッキドース三発・実弾十発を標的に向って射撃した。

銃陣教練

また銃陣の教練を行った。銃隊は四十八人を以て編制し、野戦砲を左右両翼に備えて銃隊と共に進退して放発を行った。

演習中野戦砲の薬嚢に引火して事故を起し負傷者を出したが、全般的に見れば部隊の動作も射撃も共に見事に行われ、斉興はその精正なるを賞讃した。

隊員の服装

この日隊員の服装は、魚頭形陣笠(ペレトン笠または鮪頭(まぐろがしら)と俗称する)を冠(かむ)り、窄袖半天(つつそではんてん)(籠手袖(こてそでという）に股引（ももひき）・立揚袴（たっつけ）を穿き、大刀を帯びず、脇差のみを差すこととした。

薩藩、幕府の鳥居引渡し要求に応ぜず

この異様な服装は、高島秋帆の案出したものであったが、観る者多く感嘆し、また中には誹謗（ひぼう）するものもあった。然し斉興は衆議を排してこれを賞揚し、藩の軍備を総て西洋式とし、西洋砲術を採用し、鳥居平七を師範役とした。

成田正右衛門と改名

御流儀と改む

この年（一八四二）十月長崎に秋帆の疑獄事件が起り、門下生にも連坐するものが多かった。幕府が薩藩の鳥居を捜索すること急なるの報があったので、藩は幕府に対し、鳥居は出奔して行方知れずと報告し、平七には内諭して成田正右衛門と改名せしめ、高島流を改めて御流儀と唱うべしと命令した。

島津斉彬の熱心

世子斉彬（なりあきら）も、御流儀砲術の研究に非常に熱心で、これを奨励した。

弘化三年（一八四六）八月二十八日に谷山郷塩屋（現鹿児島市谷山塩屋町）において行われた発火演習には、斉彬は自らこれに臨んで検閲した。そして演習終了後に、成田正右衛門に対し二十ヵ条の質問をした。その問答の二三を挙げれば、問、野戦筒打方の号令は聞えなかったが、小声で聞えなかったのか、または掛声がなかったのか。

答、高島より伝授を受けましたのは、打方のときねらひ役（照準手）より「ヨシ」と申し、これにて「ヒュール」と掛声にて打方を行っております。あのときは御前でありましたので、恐れ入りまして、小声にて差図致しました。

問、「マルス」と「ヒル」の掛声は短く低い故、もう少し高く、また引延ばして掛声してはどうか。

答、御沙汰の通り、あの時は短く低く掛声致し、恐れ入りました。高く引延ばして号令致すのが実用的であると考えます。

問、野戦筒発射の際、玉竿（装塡杖）を持つもの・火薬を持つものが共に、打つたびごとに玉行を見ているような風であったため、次発装塡がおくれる気味があった。それでこの両人は玉行には構わず、ただ筒口（砲口）のみを見ることとし、ゲスウィンド（早道火）を持つ者、シュンドロス（火縄）にて火を付ける者、及びねらひを定める者は、玉行を見るようにし、小頭は万事に気を付け、掛声・打方などはやらせぬようにすべきではないか。昨日見たところではそうやっていないし、今後ともその通りに致すのかどうか。

答、恐れ入りました。御沙汰の通りであります。何分未熟なものでありますから、以来は御沙汰の通りに致します。

問、備打の時、足並が揃わぬように見えるが、太鼓を打つようにしてはどうか。

答、御沙汰の通りであります。長崎でも太鼓を用いておりますが、当方ではまだ太鼓も備わっていない有様です。

と、斉彬の質問は実は教示であって、その注意は悉く鵠にあたり、正右衛門はただ恐縮の外ない有様であった。

弘化四年（一八四七）八月二十日には砲術館が開かれて、洋式砲術の研究が高島流時代（天保年代）より一歩を進めることとなり、嘉永元年（一八四八）には得能彦左衛門を挙げて御流儀砲術方頭取となし、その統率下に演練・鋳砲・海岸砲台整備・射撃等、その他防備に対する万般の手当てが進められ、斉彬時代の武備充実が見られるようになった。これが料らずも文久三年（一八六三）の英艦隊来襲に際して、これに一撃を加え、以て国威を辱かしめなかった遠因となったものである。

〔参考資料〕『薩藩海軍史』等

4　村上範致（田原藩）

田原藩は三河における僅かに一万二千石の小藩ではあるが、蘭学の研究においては東国の先覚的存在であったことは、注目に値することである。それは誰によって、創められ開かれたのであろうか。

鈴木春山

田原藩の蘭学は、文政三年（一八二〇）鈴木春山が二十歳の時、医学修業のため長崎に遊んだことにその端を発している。彼の略伝によれば、長崎において蘭医について学んだとあるが、彼が師としたのは誰であったか。彼の学業の程度は如何であったか、などについては一切が不詳である。

彼は文政六年（一八二三）に帰国して、一時田原城下で開業したが、思わしくないので、翌文政七年江戸へ出て、渡辺崋山・三宅友信等にあった。この時春山は二十四歳、友信は十五才、崋山は三十二歳であった。

田原藩蘭学の初め

春山が齎らしたものはオランダの医術ではなかった。広い世界の新知識であり、精巧なオランダの軍事学であった。

渡辺崋山は彼の新知識に共鳴し、三宅友信は蘭学の研究に興味を持つようになった。田原藩の蘭学はこの年（一八二四）に始まったというべきである。

渡辺崋山

文政十年（一八二七）に田原藩主三宅康明が病歿した。その跡は当然友信が継承することとなっていたのを、藩老はこれを廃し、酒井忠実の次男康直を迎えて襲封せしむることとなった。そこで友信は巣鴨邸に隠居することとなり、彼は専ら蘭学の研究に没頭することができるようになった。

田原藩の蘭学の中心は渡辺崋山であった。彼はオランダ語学を修めた形跡はない。従って蘭語を解することは出来なかったであろう。しかるに彼は西洋文化のあらゆる方面に知識を求め、多くの蘭学者の知識を綜合して一層広い分野における世界知識を修得した。

彼は自ら長崎に至り、親しくオランダ人について西洋事情を聞きたいと熱望していた。然し遂にその望みを遂げる機会は来なかった。

崋山は長崎に行かず

太田鐙太郎著『渡辺崋山』（昭和十四年刊）に、崋山が西遊——薩隅または長崎に——したことを事実として挙げているが、これは誤りであることを指摘しておく。

田原藩の蘭学——崋山の蘭学は、綜合的な西洋事情を知らんとするにあった。それで藩内においては『蘭書彙集』（三宅友信）・『西洋兵術』（鈴木春山）・『西洋砲術』（上田亮章）・『西洋銃陣』（村上範致）等の各部門に同志を得、藩外においてはいわゆる「尚歯会（しょうしかい）」の諸友——高野長英・小関三英・遠藤白鶴（紀州）・下曾根金三郎・江川英竜（太郎左衛門、坦庵）・立原杏所（水戸）・佐久間象山・佐藤信淵——等よりそれぞれの長ずる所に従って教えられるところがあった。

これらの顔振れを見ると、長英・三英等二－三の者を除いては、いわゆる蘭語を知らぬ蘭学者が多く、ためにモリソン号事件の如き誤りを冒して、「蛮社の厄」を引き起す口実を与えるに至ったのであるが、彼の真意は、出来るだけ適確な知識を求めることにあった。

春山再度の長崎行

鈴木春山が天保六年（一八三五）に再度の長崎行をなし、既にその地において西洋砲術に名を成していた高島秋帆のことを聞き、村上定平（範致）を長崎に派遣してその門に入らしめたのも、渡辺崋山の方寸より出たことと認めねばならない。

村上範致の銃陣研究

即ち村上範致のオランダ軍事学修業は、田原藩の綜合的な西洋事情研究の一環として、しかもその一部門たる西洋銃陣の研究に向けられたものであることは、他藩の場合に比して異色とするに足るものである。

肥後藩では偉大な池部啓太を出した。然し彼は天文・測量・弾道・銃陣・砲術・航海・海軍等を一人で担当する立場に置かれ、不幸にして彼の後を継ぐ程の者も遂に出なかった。

佐賀藩においては鍋島十左衛門が自ら西洋流を修めたほかに、平山醇左衛門その他を起用し、遂に直正の統率によって偉大な砲台構築の事業を完成することができた。

薩藩においては成田正右衛門が草創の西洋砲術を開いたとはいえ、斉彬の雄大な規模によらなければ海岸防備の充実を期することはできなかったと思われる。

このような大藩に比較して、僅かに蕞爾(さいじ)たる一万二千石の小藩田原において、その規模に少しの損色がなく、多くの洋学者を輩出したのみならず、佐藤信淵や高野長英など他藩の学者を招聘してその知識を利用したことは、全く渡辺崋山の構想に帰すべきものと考えられるのである。

田原藩蘭学の特色

これが田原の蘭学の特色である。不幸にして蛮社の疑獄が起り、その主要の人物を失ったけれども、その遺志を継いだ友信・春山・範致などが健在して大成することができた。

銃陣初学鈔

天保十二年(一八四一)の徳丸原の演習には、村上範致は銃隊員の一人として参加した。次で天保十三年四月、長崎に至り高島秋帆に入門し、その伝を受けた。翌年『銃陣初学鈔』(天保十四年刊)を著わした。

その後田原藩においては、蘭学の研究が益〻盛んになり、嘉永年間には二十拇(ドイム)及び十五拇(ドイム)臼砲、及び十三拇(ドイム)ハンドモルチール・十六拇(ドイム)ホウィツル等の大砲を造り、田原城下の比留輪原(ひるわはら)や沖縄手(おきなわて)・大洲崎(おほすざき)などで射撃演習を行った。

〔参考資料〕　三宅友信自筆『所蔵蘭書目録』佐藤堅司編『鈴木春山兵学全集』(二冊)
村上範致撰『銃陣初学抄』村上範致撰『大砲打方試演書留』

5 市川熊男（田口加賀守の臣）

長崎奉行

市川熊男は幕臣松平右京亮の家来市川一学の悴（せがれ）であるが、後に田口加賀守の家来となり、加賀守が長崎奉行として任地に赴任した時これに随って長崎に至り、天保十年九月より翌十一年九月迄その地に勤務した。

この間奉行は、高島秋帆の人物に傾倒し、その説に共鳴するところがあったが、市川はこの間に在って周旋大いに努めるところがあった。

蘭書の研究を行わしむ

田口加賀守在任中の最も大きな事蹟は、蘭書を提出せしめ、且つ通詞をして原書の研究を行わしめたことである。天保十一年（一八四〇）五月に発せられた幕府の指令のうちには、「通詞共はただ通弁をするのみではいけない。原書も読み、これが研究をしなくてはならない」（長崎年表第七）などとあるのは、秋帆の影響によるものと認められる。

その他、田口加賀守は西洋砲術を奨励して、市川を初めその家来に秋帆の教え

蘭船バッテーラに搭乗

を受けしめ、またはオランダ船の「バッテーラ」に秋帆と共に搭乗して長崎港内を帆走したことなどがある。秋帆の天保上書が幕府において採択せられて徳丸原演練の実現となり、また、秋帆を諸組与力方に推挙してその栄誉に与（あず）からしめたのは、主として彼の後援によるものであった。

市川熊男取立ての者

彼は長崎奉行の任期を終えて帰府すると、勘定奉行に転任したので、秋帆の徳丸原演練には多大の援助を与えた。そしてその時隊員として参加したもののうち「市川熊男取立」とある者は、左のように二十七人にも上っている。

砲手のうち田口加賀守家来小川庫助・市川熊男取立ての分左の通り

清水殿御附人河津三郎兵衛悴河津孝之助
同　同人三男　河津鋌三郎
大御番頭戸田淡路守組与力野村鉄次郎外三人
酒井左衛門尉家来　安倍源三郎外一人

松井右京亮家来　　牧野平馬外三人
松平安芸守家来　　塚本小八郎
田口加賀守家来　　市川熊男外十三人
　合計　二十七人

以上は秋帆出府の際入門したものであるが、これらが皆田口加賀守及び市川熊男の取立てによるものであることを考えると、江戸における彼の影響も偉大であったといわねばならない。

このために秋帆の事件が起ると、彼もまた連累者と認められ、加賀守は「不束に候」と御叱を受け、市川は池部啓太同様「百日押込」の宣告を受けたのであった。この事件後は江戸における幕臣間の高島流は一時全滅の悲運に陥った。

6　有坂淳蔵父子　（岩国藩）

徳丸原の演練には、岩国藩から有坂淳蔵・同隆介及び井下彦四郎の三名が加わっている。このうち井下は実は淳蔵の長男で、祖父の実家を継ぎ、井下孫左衛門の養子となったものであるから、淳蔵一家がこの地方で先んじて秋帆の弟子となったことを物語っている。

有坂淳蔵は他の弟子の例と異って、藩命等に依ることなく、自ら砲術修業の旅をして秋帆の門に入ったものである。

有坂家

有坂家の祖先は吉川広家(元春の子)の時代に、雲州富田において召抱えられ、以来砲術の師範家として続いた。三代の長勝は、石田流・南蛮流等十七流を兼修し、吉川広紀の師範役を勤め、有坂流を開いた。その孫の代に一時断絶したが、井下家より入って名跡を継ぎ、元文元年(一七三六)より有坂流師範家として淳蔵に至っている。

淳蔵は通称助五郎、号は致遠、天明六年(一七八六)周防国玖珂村石田三左衛門の第三子として生れた。幼にして砲術を好み、初め徳山藩佐藤喜内について中島流を学び、次で岩国に来り、有坂東左衛門長郷について有坂流を修めた。長郷その才

を認め、養って嗣となした。文政四年（一八二一）中島流及び安盛流修得の故を以て、

森重靱負に学ぶ

生涯暮々銀二枚を下賜せられた。またこの年森重靱負について合武三島流の伝を受け、のち同流『戦船極秘一子相伝三ヶ条』を受けた。そこで砲術の功業抜群の功を以て、二十石八斗の知行高を給せられ、大組に昇進した。

文政九年（一八二六）養父の歿後その跡を襲ぎ、文政十二年（一八二九）膳所藩宮崎藤右衛門より『自得流火矢遠町』の伝を受け、翌十三年には江州の国友に百目三尺八寸筒を造らしめて、泉州堺七堂ヶ浜にて遠町打方を行った。

九州遊行

天保四年（一八三三）九州各地を遊歴して小倉に至り、津田専右衛門越後にあい、次で久留米藩において入江一学・長野機蔵等と砲術を談じ、肥後に入って沢村・可児両家を訪い、宇土に至ったが、藩士上羽牛蔵が先祖より伝わった稲富流を断絶していたので、有坂はこれに対し返伝を行った。次で佐賀藩に至って永淵嘉兵衛を訪ね、次で長崎に至った。時に天保七年（一八三六）、恰かも高島秋帆が新たに西洋

流砲術を創始した時であった。

彼は秋帆の砲術を以て最も奇なりとして入門を乞うたが、許しを得ずして帰った。然しその後再び長崎に至り、再三懇請して漸く入門することができた。福山藩江木戩（水鰐）の書いた『有坂君碑銘』には、

既にして九州諸藩の砲家を訪ずれ、講論切磋（せっき）し、遂に長崎に到り茂敦を見る。甚だその術を奇とし請う。許されずして家に帰る。また往き懇請すること数四、而して後始めて従学することを得たり。（訳意）

とある。彼は既に和流二十四派の皆伝を得たが、結局西洋砲術に到達したのであった。これは彼が好学心に富み、向上精神の旺盛なる賜（たまもの）であったといわなければならない。

彼は非常な熱心を以て秋帆について学び、臼砲（モルチール）・十五拇忽砲（ドイムホウイッツル）及び燧石銃（すいせきじゅう）操法等を修得し、遂に徳丸原の演練には二子と共に参加し、江戸滞在中に高島流の皆

伝を得た。

秋帆を厚遇す

天保十二年（一八四一）六月二十八日に淳蔵父子は徳丸原演練を終えて岩国に帰ったが、八月十二日秋帆一行が江戸よりの帰途岩国に立寄った際は、藩公より高島父子を客屋に招待して挨拶があり、料理を賜わって饗応された。その後同年冬には藩公よりの謝礼として刀（大小）盛俊・画（雪旦）等の贈物を持って淳蔵は長崎に至り、また二十ドイム臼砲一門の鋳造を依頼して帰った。

秋帆の押送を見送る

事件が起って天保十四年（一八四三）三月秋帆父子が江戸に護送されることとなって、世間一般はこれを冷たい眼で見ていたが、淳蔵はその駕籠（かご）が関戸（岩国の宿場）を通過する時わざわざ面会に行った。然し警固の者があわせなかったので空しく帰宅した。

田所左右次らに西洋流を伝う

淳蔵はこの年十五寸（ドイム）短忽砲（ホウイッツル）を横山馬場で鋳造した。また弘化三年（一八四六）にはモルチールとホウィッツルの射撃を行った。このとき土州藩の田所左右次及び延岡藩の吉羽数馬に打ち方を伝受した。

弘化四年藩は西洋流砲術修業の功により隠居を差留め、門弟を指南すべきを命じ、知行高の外に暮々俵子（よわらご）五荷を給した。

嘉永元年（一八四八）には芸州藩に西洋流砲術を伝授し、翌二年には延岡藩に招かれ、また岡山藩に行って臼砲打ち方を伝授した。嘉永三年（一八五〇）には備中庭瀬に行き、嘉永六年（一八五三）には芸州に行き、翌年は三原（広島県）に行った。

中国四国に西洋流を伝う

このように彼は中国・四国方面の各藩に西洋砲術を紹介し、安政二年（一八五五）正月元日に逝去した。行年七十、日光寺（岩国市）に葬る。

春秋翁

有坂隆介は淳蔵の第四子で、のちに淳蔵長為と名乗った。父より天保十四年（一八四三）西洋流砲術の皆伝を受け、安政二年（一八五五）父の死後はその跡を継いだ。藩は二十六石八斗を給し、暮々銀二枚を加賞した。

万延元年（一八六〇）には更に賞して暮々銀五枚を給した。また長州藩が外国小銃を購入するに際しては、これが検査等に盡力したが、明治維新後は岩国に老を養い、春秋翁と号して専ら茶事に遊んで明治三十五年二月二十四日に逝去した。年八十五。有坂砲の発明者たる陸軍中将男爵有坂成章はその嫡子である。

〔参考資料〕『有坂氏家系』『岩国藩御用所日記』〔岩国徴古館所蔵〕等（桂芳樹氏所報による）

第四　徳丸原演練

一　天保上書

阿片戦争

以上のように高島流砲術が西国諸藩に浸々として拡がって行く折に、天保十年(一八三九)より翌年にかけて中国では阿片戦争が起った。英国海軍は舟山列島を占領し、広東(カントン)・厦門(アモイ)・寧波(ニンポウ)等の諸港を封鎖し、清国の沿岸通商を破壊するに至った。この事件の情報は天保十一年入港の蘭船によって風説書として長崎奉行に提出せられた。高島秋帆はこの風説書によって意見書を同年九月奉行田口加賀守(喜行)に提出した。これがわが国の兵制改革の原動力となった『天保上書』である。その要旨に曰く、

一、当年入津(にゅうしん)の紅毛(オランダ)船が提出した風説書にイギリス人が広東において騒擾(そうじょう)した事件があるが、これは在留唐船主の申立てとも一致するので事実と認められる。これは国家の一大事と思われるので、平生の所存を左に申上げます。

一、西洋の蛮夷は火砲と艦船の利を以て武備の第一とし、特に砲術は護国第一の術として専ら習熟し、特に近来戦争相継いで起ったため、一大進歩を示している。イギリスは国が小さくまたこの戦争の名義も不正であるから、勝味はない筈である。然るに唐国は大いに敗北し、イギリス方には戦死者一人もなしという有様である。これは全く武器の精鋭によるもので、蘭人が予(かね)て唐国の砲術は児戯に等しいと嘲笑していることが思い当るのであります。

一、皇国は古来神武赫耀(かくよう)として諸蛮の畏服するところとなり、天文中小銃の伝来があり、今日も火術が盛んで万全の計が立っていると感ぜられるかもしれない。然し今日諸家の火術は既に西洋では数百年前に廃棄した陳腐のものであるから、如何に外観は華美であっても、国家の武備としては役に立たない。万一この実情を蛮夷が知ったならば、招侮（しょうぶ）の媒（なかだち）となり、彼等の掠奪を招かぬとも限りません。

長崎の警備

一、特に長崎は異国通商の地で、右のような不慮の場合に厳重な処置が出来るよう備えて置かねばならぬ。私共迄砲術師範役を仰付けられているのも、このためであると感銘しています。

一、このために国恩の万分の一に酬い奉らんと丹心を凝らして、諸家の術を修業しましたが、満足なことが得られず、その上蛮夷を防ぐには蛮夷の術を心得ていなくてはならないと思い、彼等の砲術を探索しましたところ、彼等が諸家の砲術を見て児戯に類すると嘲笑していることが無理からぬことと感じました。

在来の砲術は児戯に類す

一、勿論諸家の砲術が不精練と申すわけではありません。然し古来砲術は危険なるものとして高貴の方はこれに近よらず、研究も習練も挙てこれを微賤の者に委ねられた結果、終には浪人の糊口の資となり果て、皇国神武の羽翼などとは思いもよらぬ程に堕してしまっていることは、長嘆息を禁じ得ないところであります。

砲術は護国第一の武備

一、砲術は護国第一の武備でありますから、願わくは御明鑑によって天下の火砲を一変し、わが国の武備を充実し、武威を昂揚せしめたく切望します。ついては近来発明のモルチールその他を御採用になって、江戸表・諸国海岸・長崎等へ備付け相成らば、感佩の至りであります。

一、なお当地奉行所の手勢も手薄でありますから、五組の者・地役人等にも平生武芸を奨励し、非常の節は防禦部隊に補充するようにしたならば如何かと存じます。

西洋流採用の提唱

以上は広東一件の勃発に関連し、平生考えているところをそのまま申上げた

次第であります。何卒御賢察の上、御採用願われれば有がたい次第でありま
す。以上。

子（天保十一年）九月　長崎町年寄高島四郎大夫（原文は『陸軍歴史』に在り）

上書の江戸進達

これを受取った長崎奉行田口加賀守は非常に秋帆に好意を持ち、且つその趣旨に賛成していたので、これを江戸に進達した。これを受取った閣老水野越前守（忠邦）は、これに対する意見を御目付鳥居耀蔵に諮問した。鳥居はこれを評議にかけ、次の要旨の答申を行った。

諮問に対する鳥居耀蔵の答申

一、この頃西洋にて用いるモルチールは、諸家の修業するように命中を専一とするものでなく、多人数の中に打込んで火薬の猛威を振わせることを主としている。これというのも西洋は礼義の国でなく、ただ厚利を料り勇力を闘わせるのみで、わが国のように智略を以て勝利を取るという軍法ではない。

一、そこでただ西洋で利用しているからといって、一概に信用することは出来ない。とかく俗情は新奇を好むという風があり、また蘭学者は奇を好む病が深い。これは火砲のみならず、風俗・習慣にも及んでいる。かくなればその害も少なくないので、この点は御深慮を願いたい。

一、広東騒乱の次第も、畢竟唐国は二百年の泰平にて文華に流れ、武備廃弛していたのに反し、イギリスは戦争に熟練していたため勝利を得たので、火砲の利鈍による結果とは考えられない。

一、然るに火砲の利を頼み、わずかの地役人を指揮するくらいのことを以て、一方の御備えと考えるような微賤の者の偏見などは御採用にならず、御沙汰に及ばれ難しと仰せ渡されて然るべしと思われる。

一、然しながら、火砲は元来蛮国伝来のもので、追々発明のことがあるかも知れないから、これが諸家にのみ伝わって、幕府の方では知らないということ

火砲を江戸に取寄するに一決

となってはどうかと思われるので、右の火器をお取寄せになった方がよろしいと評議を致しましたから、此段申上げます。以上。

子十二月　　鳥居耀蔵　（原文は『陸軍歴史』にあり）

右のような評定所の答申を得たので、閣老水野越前守は、秋帆一行の出府を命じ、演練を行わしめることとなった。

二　徳丸原の演練

秋帆は長崎奉行より出府の命令を受けたので、諸準備を整えて天保十二年（一八四一）閏正月二十二日、長崎を出発した。二月十九日に大坂に到着すると、江戸にいる金子教之進より書状を受け取った。その要旨は、このたび出府の上は、奉行を経て左の通り仰せ出される由懇意の者から内々聞き込んだからお知らせする、というのであった。

昇進の通知

長崎町年寄諸役　高島四郎大夫

格別出精につき、諸組与力格に召し抱え、一代限り終身七人扶持を給し、長崎会所調役頭取を勤むべし。

というのであった。秋帆はこれを唐大通事神代徳次郎に通知した。このことが後になって罪科の一つとして数え上げられることとなったことは意外であった。

江戸到着

江戸到着と同時に、秋帆は右の任命を受けた。また江川太郎左衛門は、先にその手代を秋帆の門に入れていたが、自らも研究したいと思い、入門許可願を幕府に二度迄も呈出したが、容易にその許可はおりなかった。

隊員の編制

秋帆は直ちに演練の準備として銃隊員の編制を行ったが、長崎より引卒した地役人等のほか、門人及び新たに江戸において入門した者を加え、二個中隊(コンパグニー)八十五人を編制した。

また長崎より携行した二十ドイムモルチール、及びホウィッツルの二門は、人夫を以て据付けをなし、秋帆父子自ら発砲することとした。また野戦砲三門は門人を以て砲員とし、これに人夫四名ずつを配した。

松月院

東京都板橋区赤塚８丁目にある曹洞宗万吉山松月院本堂
天保12年高島秋帆一行の宿泊した所（現状）

松月院

演練の日は天保十二年（一八四一）五月九日と予定された。これに先だつこと二日、五月七日に秋帆以下全員は江戸の西北五里、武蔵国豊島郡赤塚村の曹洞宗松月院（現東京都板橋区赤塚八丁目）に集合宿泊した。演練の場所は松月院より約十町の荒川沿岸の低地、徳丸原に定められた。この地は以前より大砲発射の演習地であった。

諸隊は五月八日に予行演習を行った。

五月九日

いよいよ五月九日となった。原の南隅

秋帆銃陣演練記念碑

演練が行われた徳丸原の中心弁天塚に大正11年11月建立。
（写真は当時のもの）

には監察使・幕使及び諸侯のために幕舎五張が張られ、諸隊は原の西隅に設けられた幕舎に集合し、見物人は雲の如くに集まった。

演練の開始を報ずる螺貝（ほらがい）の音が響き渡ると共に、臼砲三発して、演練が初まった。次にブラントコーゲル二発を連発し、次でホウィツルを以て距離八町の目標に向って榴散弾二発、次に四町目標に向けドロィフコーゲル一発が発射せられた。

次に騎兵の馬上銃射撃が行われ、次で銃隊及び野戦砲の発射が行われた。三門の野戦砲は銃隊の両翼に一門ずつ、他の一門は両コンパグニー(中隊)の中間に配置せられた。

まず横隊を作り、左右に打ち方、次に後方へ打ち方、次に左へ陣形変換して打ち方、次に方形陣となり打ち方、次に着剣・二重陣を以て突撃し打ち方、三重陣に変じ退却、横隊となり野戦砲を列前に進め放発、次で追撃に移り打ち方、次に後退輪形陣を作り打ち方、更に横隊となり打ち方を以て演練を終った。

服装

トンキョ帽

徳丸原の演練に使用した帽で，陣笠を改良して小銃の操作に差支えないように高島秋帆が発意したもの。(長崎市成田磧十郎氏所蔵)

この日の演練はこのように頗る順調に行われ、大砲の射撃には一つの不発弾もなく、また銃隊及び野砲の操作は、非常に巧妙に円滑に実施せられたのである。

上首尾に終了

賞賜

幕命により砲術を下曾根金三郎に伝授す更に江川太郎左衛門に伝授す

この日隊員の服装は、指揮官高島秋帆は銀月の紋を付けた帽（トンキヨ帽）に淡紅の筒袖に筒袴をはいて菜牌を持ち、副官市川熊男その傍らにあり、第二隊長高島浅五郎は紺色の筒袖・筒袴に策を持ち、隊員は同色の同種服を着していた。これに参加したものは銃隊九十九人・戦砲隊二十四人（人夫を含む）であった。

演練は滞りなく終ったので、翌五月十日には部隊を解散して江戸に帰った。

この演練は非常に見事に行われたので、幕府は水野閣老（越前守忠邦）を以て長崎奉行柳生伊勢守（元盛）を経て秋帆に賞詞を伝達し、銀子貳百枚を下賜し、また秋帆の携行した臼砲及び忽砲二門を五百両で買上げることとし、また火術伝来の秘事を直参の者一人を限って伝授すべきことを命令した。

そこで秋帆は「当地直参の内一人へ」とあつたので、韮山に在った江川太郎左衛門（英竜坦庵）へは伝授することが出来ず、幕臣下曾根金三郎へ伝授した。然るにその後に至って水野越前守は長崎奉行を経て、「火術の秘事は下曾根金三郎へは 伝授

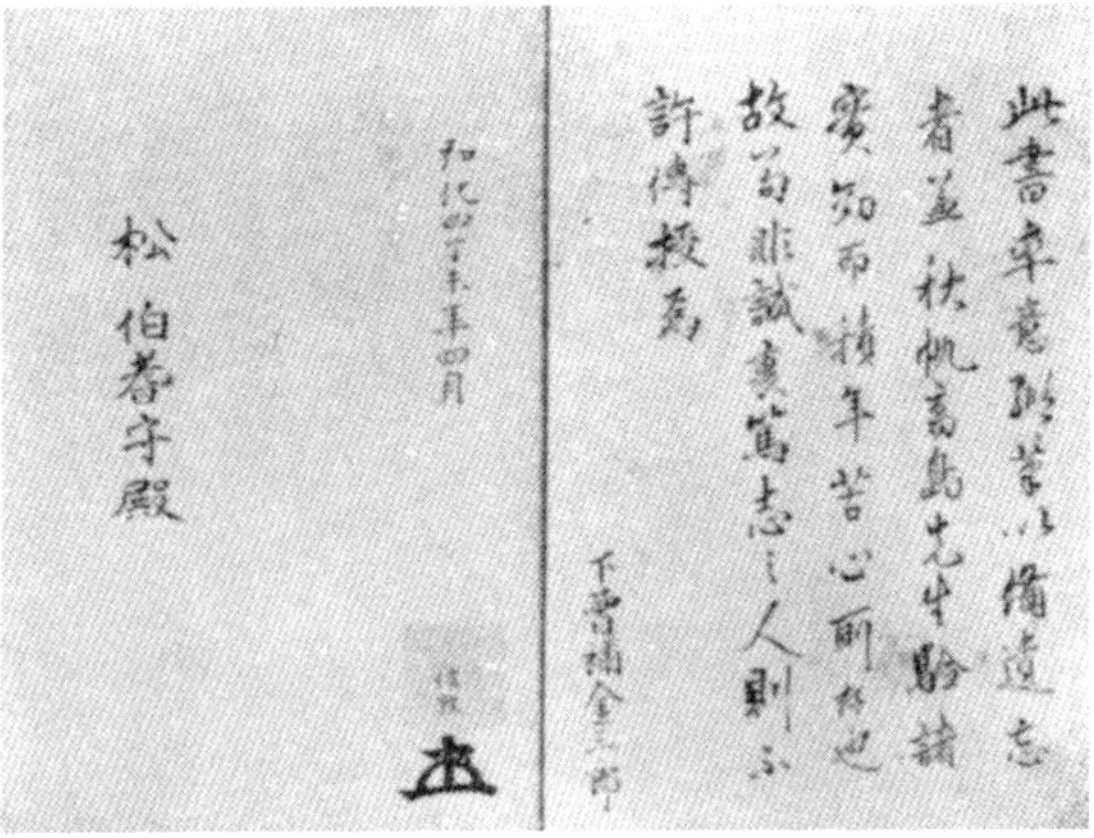
此書卒竟致若以備遺忘者並秋帆高島先生驗諸實知而積年苦心所得也故勿非誠真篤志之人則不許傳授為
下曾根金三郎
弘化四丁未年四月
松伯耆守殿

下曾根金三郎自筆伝書の奥書

せず御代官江川太郎左衛門へ伝授せよ」と指令したが、この時は既に下曾根へ伝授を終った後であったので、結局江戸では下曾根・江川の二人へ免許を与えたことになった。

諸藩への伝授禁止

なお幕府はこの火術を諸藩へ相伝することは相成らぬと制限した。然しこれは前述した通り西国諸藩へ伝えた後であったから、空文に過ぎないものであった。その後天保十三年(一八四二)六月に至ってこの制限も撤去した。

天下盛行の端

ここに高島流が天下に盛行するの端を開いた。

江戸では佐久間象山・川路聖謨(としあきら)・大槻磐渓(ばんけい)等を初め門人四千余人に上るに至った。

三　徳丸原演練に対する批判

徳丸原演練が一般の好評を博した一面、これを批判的に見るものもあった。幕府の鉄砲方井上左太夫の報告の如きはその一つである。彼が検視役として差出した報告は、次の様なものであった。

馬上銃の技量は拙劣

一、馬上銃六発発射。実弾射撃でないから業前(わざまえ)は判らない。然し取扱いは至極不出来。

隊形変換は児戯に類す

一、鉄砲備打は空放につき業前は不明である。また不発銃が相当あったように思われるが、一斉射撃であったため目立たないばかりである。隊形変換や進退などは立派に揃ったけれどもそれは児戯に類するものである。

野砲の人数多きに過ぐ

一、野戦筒は空放発射であったため、業前は不明である。軽い大砲に各八人ず

西洋流に長所なし

異様の服装と蘭語使用は禁止すべし

つ掛ったため操作はよかったが、これは無益の美というべきである。

要するに私の所見を以てすれば、西洋砲術といっても、日本在来の砲術に勝る点はないと思われる。　五月　井上左太夫（原文『陸軍歴史』）

なお翌六月には幕府鉄砲方田付四郎兵衛と相談の上、西洋の火器は効力弱く、「御用に立ち申間敷」く、また異体の服装にて蘭語を用いることは「御差留め」になる様にと上申した。

これらの批判は、その理由はともかくも、やがては鳥居耀蔵一派の策動の動機の一つとなったことは明らかなことであった。

第五　災厄—長崎事件

一　原　因

天保年代に起った二つの疑獄事件——蛮社の獄と長崎事件と——はその張本人が同じく鳥居耀蔵であるために、その原因及び讒構（ざんこう）は全く同じ手法であった。ただその結果は時勢の然らしめたためか、前者は悲劇に終り、後者は鳥居の失脚に終った。

この両事件の原因を、天保十年（一八三九）の江戸湾防備視察における鳥居・江川の感情的衝突にありとする説（福地桜痴『高島秋帆』）には首肯し難い。それは原因ではなくて結果の現われの一つと見る方が妥当であろう。

又これを政治的両勢力――守旧派と革新派と――の衝突と見る向もあるが、当時守旧派と称すべき党組織も、また革新派というべき派閥も何等存在していなかった事実に照らし、これもまた一つの錯覚に過ぎないものというべきであろう。

事件の原因

私見によれば、この両事件の原因は、鳥居耀蔵の蘭学嫌いの感情が、彼の極端に酷薄(こくはく)な性格により、幕府の大目付(後に町奉行)という職権を濫用して波瀾を起したに過ぎないものと思う。

鳥居耀蔵の讒構

事件の発端は、もと唐・商買紅毛(オランダ)方取締であった本庄茂平次(辰輔)が罪を犯して長崎を出奔し江戸に出て、天保十三年(一八四二)正月鳥居耀蔵の家来となっていたが、これとその養女聟の峯村幸輔、及びもと唐通事で不届のことにより追放せられた河間八平次(八兵衛)の三名が鳥居に対し、秋帆その他を讒訴したことにあった。

告発の五罪案

鳥居が秋帆を告発した罪状は左の五点にあった。

謀反の企

(一) 高島秋帆は年来私財を投じて西洋銃砲を買入れこれが訓練を行っているが、

その下心は謀反の企てである。

㈡　これが証拠とすべきは、秋帆の長崎小島郷にある住宅は一種の城郭をなし、大小の銃砲を備え、籠城の用意をしていることである。

㈢　秋帆は会所の金を利用し、肥後より兵糧米を買込み貯蔵している。

㈣　また彼は軍用金を得るためバハン（密貿易）を行っている。

㈤　秋帆は密貿易を行うため、数隻の早船を作った。

評定所の答申

告発を受けた閣老水野越前守は、この処置を如何にすべきかについて、評定所（社寺奉行・町奉行・勘定奉行・大目付・目付より成る）に諮問（しもん）した。その会議の結果は、鳥居申立ての如く速かに御吟味に及ぶべしというにあったのでこれを答申した。

奉行伊沢美作守の長崎着任

そこで幕府は任地に向わんとしていた長崎奉行伊沢美作守（政義）にこの旨を通達した。鳥居は伊沢と打合せ、検挙の方針・処置等一切は鳥居の差図通りに行うこととし、これがため、目安方・会計掛・呈書掛等七名の随員を鳥居の部下より出し、また同心を後発させることとして、伊沢は天保十三年（一八四二）八月江戸を出発し、九月五日長崎に到着した。

二　検　挙

着任した伊沢美作守は予定通りに検挙に着手した。九月二十九日唐通詞神代徳次郎を拘引し、十月二日秋帆を捕えて揚屋入りを命じ、その子浅五郎を町年寄薬師寺宇右衛門に預け、高島家の手代城戸治八・杉森嘉平を投獄して第一段の検挙を終った。

伊沢の鳥居宛の手紙

この検挙が終った直後、十二月六日付で伊沢は私信を鳥居に贈っている。その要旨は次のようなものであった。

一、九月朔日付のお手紙十月四日に到着しました。益〻御壮勇の程奉賀の至りに存じます。当方召連れました組のものも、昼夜飲食を忘れ、精勤しております。

一、広東一件は取調べましたところ、やはり事実で、戦争も次第にヱゲレス(イギリス)方が優勢となったことも相違ありません。

一、当地の有様は中々筆紙に盡し難く、僻遠の地とは申せ、こんなに徳化が及んでいないかと歎息の至りであります。四郎大夫儀は権威増長し、暫時も捨置き難い状況でありました。彼等一味の横行悪事は顕然たるものでありますが、当地では吟味できがたく、江戸において御手に掛け、十分のお取調べを願いたいのです。

江戸での取調べを希望

一、四郎大夫儀は弾薬・火薬などを調製していまして、若し手後れになれば容易ならぬこととなったと思われます。大塩平八郎などより人数が多く、大砲は二十挺余、小銃は数知れず、火薬は異国防禦に托して山の如く貯え、居宅は、本宅へは住まわず別宅の小島という険阻な所に住んで要害を構え、一夫守れば万夫も通る事能わずという所に、大砲を据えていますから、叛心は明らかであります。今回は不意に処置しましたから何事もありませんでしたが、若し仕損じでもありましたら大変なことになったと思われます。彼等一味が天草にでも立籠りましたら、砲術門人と称する浪人ものや、私恩を施した諸藩の者が集まるだろうと思われます。彼の罪科は一朝一夕のことにあらず、川間八兵衛の申す通りであります。なお密事は別に封書を以て送ります。

一、四郎大夫第一の罪は、未だ発表せられない以前に与力格に進級したことを吹聴(ふいちょう)したことであります。

一、次に悴(せがれ)浅五郎の妻は代官高木作左衛門の娘でありますが、彼の身分で御目見(おめみえ)以上のものと縁組して平然としているなどは不都合千万です。

一、会所銀札は毎月引換えており、これはその筋よりも達せられたのですが、当年唐船の入津（にゅうしん）がないという理由で、そのままにして置いたのも罪は軽くはありません。

一、当地四郎大夫召捕り後は、人気も落付き、一統いずれも穏かになりました。

一、四郎大夫所持の書物に、御本丸惣絵図がありました。お送りします。これらは定めて蘭人に与え、かの国の珍物と交換したことに相違ありますまい。まずはこれにて大賊退治の手始めも都合よく行きました。

一、長崎初めての改革で諸人の目を醒（さ）ましました。これより追々に申上げますが、乱筆御免下されたい。

十月六日　崎　尹（長崎奉行 伊沢政義）

市　尹（江戸町奉行 鳥居耀蔵）賢君

右は鳥居の失脚後にその邸より押収した書簡の一つであるが、このほか天保十四年（一八四三）五月二十七日に至る七通の書簡がある。これによって、伊沢美作守が

秋帆の所持品

鳥居の意を受けて検挙・捜索を行い、讒構によって秋帆を謀反の罪に陥れようとしていたことがはっきりわかった。

〔参考資料〕『長崎一件』写三冊（著者旧蔵、所荘吉氏現蔵）

三　判決

江戸へ押送

捕えられた高島秋帆及びその他の重要人物は、伊沢美作守の希望により江戸において鳥居が直接手を下して取調べ、判決を行うこととなった。そこで秋帆は天保十四年（一八四三）正月十九日長崎を出発して江戸に護送せられ、翌月到着の上伝馬町の獄屋に入れられた。

鳥居の処置に対する批難

秋帆の取調べは遅々として進まなかった。外国の事情もまた次第にわが国に迫って来る気配を見せた。他方秋帆の事件に対する鳥居（耀蔵）のやり方が「残忍酷薄」のそしりを免がれることができなくなった。そしてその責任は当然閣老水野越前守（忠邦）に迄及んだ。

水野閣老罷免さる

遂に弘化二年（一八四五）二月二十二日水野はその職を罷めさせられ、三月十日上使より左のようなお叱りを受けた。

不正の吟味

其方儀、御役中長崎表の高島四郎大夫一件の取調べにつき、鳥居甲斐守に差図を致し不正の吟味を致したること、重き御役を勤め乍ら身分をも顧みず不届の至り、御不興に思召されるとの上意である。（意訳）

というのであった。

鳥居終身禁錮に処せらる

同時に鳥居甲斐守は町奉行を罷められ、三月に禁錮せられ、同年（一八四五）十月には丸亀藩京極家に永預けとなり、その後三十年に近い年月を囹圄の内に送り、明治維新となって放免せられた。

阿部正弘閣老となる

事件再調査

同時に阿部伊勢守（正弘）が閣老となり、川路聖謨などが要職に就き、長崎一件も再調査を行うこととなった。弘化二年（一八四五）一月二十二日この事件を寺社奉行久世出雲守(広周)・大目付深谷遠江守(盛房)・町奉行鍋島内匠頭(直孝)・勘定奉行久須美佐渡守(祐明)・目付平賀三五郎(のち戸田能登守に代る)の五名に対し、「吟味仕直し」を命じた。

これがため従来吟味していなかった讒訴組をも取調べることとなったが、その張本人の一人河間八平次は長崎崇福寺境内で自殺し、他の峯村幸輔は江戸で、本庄茂平次は赤間ヶ関で、福田源四郎等四人は長崎で逮捕されて取調べが行われ、弘化三年(一八四六)春迄にこれを終り、同年七月二十五日に判決が行われた。

判決

その判決文を見ると、初め鳥居等の讒構による謀叛罪などは全く見えず、いずれも軽罪に属するもののみである。そのほか入獄中三回の近火または牢失火——天保十五年六月三十日・弘化二年三月二十七日・弘化三年一月十九日——の際立退き、再び立帰ったため、高島・河間・本庄・神代(こうじろ)・西村・山田・金子の七名に対しては罪一等を減ぜられた。高島秋帆の宣告文にあらわれている罪状は次の如くである。

秋帆の罪状

一、身分の異なる代官高木作左衛門の娘を悴の妻に貰ったこと。

一、肥後国石本勝之丞の借入銀子と気付かず会所役人にその使ひ方を指令したこと。

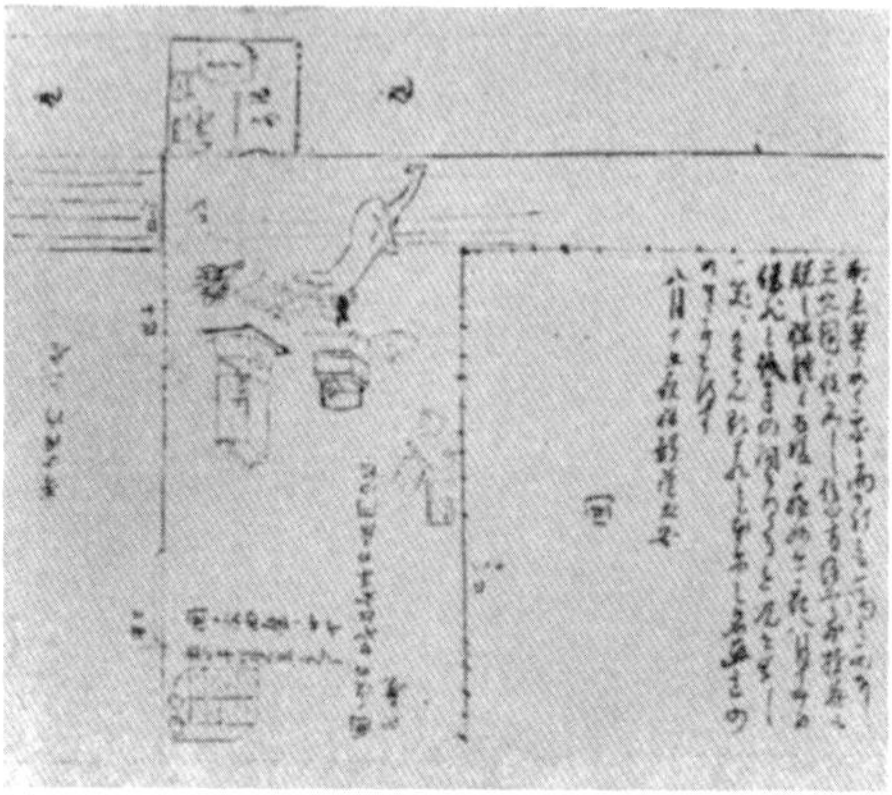

幽囚中の自己スケッチ

安部虎之助に預けられた幽囚生活の一端を，密かに長崎の山本晴海に報じた際のスケッチである。盛夏中衣を脱して書見をなすところ。四畳の室に生活要品一切を備え付け隣六畳の番士詰所との間は格子で監視せられるようになっている。

一、身内昇進のことを奉行に内願し、その他家来に音物を贈ったこと。

一、唐船主周藹亭の悴を反物目利駒作方に養子に遣わしたのを黙認したこと。

などで、宣告は、遠島申付くべきところ、牢屋敷近火につき放ちやったところ立帰った

中追放、安部虎之助預

ので中追放に処し、安部虎之助（岡部）に預けるというのであった。

このように事件の張本人と目せられた秋帆の罪状さえ軽微なことであったので、他は推して知るべしである。然しこの事件に関連して処罰せられたものは非常に広範囲に亘っているので、これを左に掲げよう（宣告文略す）。

連累者

一、直参以上

御役御免差控	元長崎奉行（天保十二年在勤）	伊沢美作守（政義）
不行届、不束（ふつつか）ニ候	右　同（天保十年在勤）	戸川播磨守（安清）
始末等不束	右　同（天保九年在勤）	久世幽居（広正）
右　同	右　同（右同）	田口加賀守（喜行）
右　同	長崎代官（天保十年在勤）	高木作左衛門
不　束	奉行所役人（天保十年在勤）	原田又四郎

一、申渡（頭書之通）

処分	所属	氏名
中追放	鳥居甲斐守家来	本庄茂平次
百日押込（病死）	水野釆女家来	伊藤和五郎
五十日押込	伊沢美作家来	武田矢柄
急度（きっと）叱り	長崎役所付	中村儀三郎
所払（病死）	元長崎会所吟味役勤方	河間八平次
江戸十里四方追放	長崎会所受払役並伝之丞祖父	盛喜右衛門
百日押込	元長崎会所調役	福田源四郎
中追放	諸組与力格長崎役所調役頭取	高島四郎大夫
中追放	唐大通事	神代徳次郎
同	右同	西村俊三郎
江戸十里四方追放	五島左衛門尉家来	山田蘇作
同	長崎御役所付	高尾恭大夫

同　五十日押込　船番　津田中五郎
五十日押込　四郎大夫忰　高島浅五郎
百日押込　長崎町年寄　松平右京亮家来　一学忰　市川熊男
同　細川越中守家来　池辺啓太
同　松平出羽守家来　宮次郡蔵
（中略）
五十日押込　長崎町年寄　高木清右衛門
同　同　薬師寺宇右衛門
同　同　久松新兵衛
同　会所受払役　近藤雄蔵
急度叱り　請払役　内藤猶七郎
過料銭三貫文　筆者　太市

三十日手鎖　長崎勝山町　政八
三十日押込　寄合町ゑん抱遊女　初紫
過料三貫文　寄合町遊女屋　ゑん
急度叱り　同町乙名　高之進
（下略）

処罰範囲拡大

以上は一部を示したに過ぎないが、この事件に関して処罰されたものは百五十人にも及んでいる。しかもその範囲は殆んど長崎市内一円の人々にも及んでいる。ただ不可解なのはその犯罪の事項は殆んど秋帆とは関係がないか、若くは薄いと思われるものが大部を占めていることである。そこにこの事件の不明朗さを認めざるを得ない点がある。そしてこの事件で最も重い判決を受けたものは、鳥居耀蔵の「永預け」（終身禁錮）であったということは記憶せらるべきであろう。

鳥居却って重罰を受く

第六　嘉永上書と晩年

一　釈　放

高島秋帆が長崎で捕えられてから右の判決を受ける迄に四ヵ年の日子が過ぎた。そしてこの期間に時勢は急速に変化して、外国船の我が近海に出没するものはしきりに増加し、これがため弘化三年（一八四六）八月海防厳飭の勅諭が幕府に下った。

海防厳飭の勅諭

そこで幕府は翌弘化四年二月江戸湾——相模・安房・上総——沿岸の防備施設を強化することとなった。これにならって海岸線を持つ諸藩もそれぞれ砲台を構築することを始めた。この砲台築造は秋帆が基礎を開いた西洋流に従って実施すべきことは殆んど常識的になっていた。この時、嘉永二年（一八四九）閏四月英艦が突

英艦の浦賀来航

如として浦賀に来航したので、幕府は急速に砲台建設に著手せんとして江川太郎左衛門(英竜坦庵)に大砲鋳造に関する諮問を発した。これに対し太郎左衛門は、同年十一月勘定所後藤一兵衛及び内藤茂之助宛に答申をしている(『陸軍歴史』巻二)。翌嘉永三年(一八五〇)十月には再び海防厳飭の勅諭が下った。

江川の答申

勅諭再び下る

江川の嘆願書

このような場合に多年研究を積んで西洋流砲術の道を拓いた高島秋帆の如き人物を国家のために起用すべきであると江川太郎左衛門は考えて、一通の嘆願書を作った。それによれば、高島四郎大夫の罪は軽からず、釈放は出来ないとしても、せめても自分の処にお預け換えを願い、時々その知識を借りて御用に立つ道を開きたい(『陸軍歴史』巻二)というのである。これは嘉永六年(一八五三)五月の日付けとなっている。太郎左衛門はこれを懐にして勘定奉行の川路聖謨を訪い、この旨を述べた。これに対し川路は、自分は全くこれに同意であるが、同僚が容認するや否やが疑わしく、却って秋帆のために悪化してはいけないから暫らく時を待つようにと答えたのであった。

然るにこの「時」は意外に早く来た。六月三日にはペルリの艦隊が浦賀沖に現われ、七月十七日にはプーチャチンの艦隊が長崎に入港した。この間六月二十二日には将軍家慶が逝き、まさに一大危機を出現した。

ペルリの来航

将軍家慶の薨去

江川太郎左衛門は家慶薨去により恒例の如く大赦の恩典もあろうかと思い、高島四郎大夫赦免に相成る場合には私方に引取りたいという内願書を八月初めに差出した（『陸軍歴史』巻二）ところが、赦免の内議は既に進められていたものと見え、嘉永六年八月六日付を以て老中阿部伊勢守（正弘）より、「出格之訳を以て中追放赦免」の文が発表せられ、身柄は江川太郎左衛門に引取るべしと指令せられた。

釈放せられ江川太郎左衛門に引取らる

天保十三年（一八四二）十月二日長崎にて揚屋入を命ぜられて以来、十ヵ年十ヵ月余にして秋帆は青天白日の身となった。その感慨は如何に深かったことであろう。更に始終彼の身上を案じていた江川坦庵（太郎左衛門）の悦びもまた、言いしれないものがあったであろう。この喜びにちなんでか、秋帆はこの釈放の日に喜平と改名した。

喜平と改名

二　米艦渡来に対する世論

ペルリは一書を残し、翌年の来航を予告して六月十二日に浦賀を去った。

幕府諸役人及び諸侯等の意見を徴す

幕府は米艦隊が出港すると、ペルリの齎らした国書二通、及びオランダ商館長ドンクルキュルチュスが前年（一八五二）九月差出した咬𠺕吧書翰、及び上書並びに風説書の和解を三奉行（寺社奉行・町奉行・勘定奉行）・両目付・浦賀奉行等に回付して、これに対する所見を求めた。更に嘉永六年（一八五三）六月四日付で、老中阿部伊勢守（正弘）の名を以て諸侯にも意見を徴した。

三奉行の答申

これに対する中央部の答申は次のようなものであった。

一、三奉行衆（本多中務少輔（忠民）・松平豊前守（政周）・太田摂津守（資功）・安藤長門守

(信睦)・松平右京亮(輝聴)・井戸対馬守(覚弘)・池田播磨守(頼方)・本多加賀守(安英))

イ、通商を許すことにすれば御国法が立たない。これを許さぬとなれば防禦を厳重にしなければならぬ。

ロ、交易を許せば国家衰微の徴となる。

ハ、然しこれを断(ことわ)れば、失望の余り乱妨を行うかも知れない。

ニ、故に応接は丁重にして国法を説き、再来せぬように諭すこと。

ホ、至急防備を充実すること。

両目付の答申

一、両目付(大目付柳生播磨守(久包)・目付戸川中務少輔(安鎮)・鵜殿民部少輔(長鋭))

イ、願の通り差許すことは出来難い旨を諭すこと。

ロ、旧典を守り許容せぬよう決着あるべし。

浦賀奉行の答申

一、浦賀奉行(戸田伊豆守(氏栄)・井戸石見守(弘道))

イ、寛大の処置を以て兵端を開く緒(いとぐち)を作らぬこと。

ロ、次回来航の節は長崎に回航するよう諭すこと。

以上のように幕府の重要機関の答申はすべて米国の申出た交易・石炭置場の設置及び借用・漂着船員の救助等をことごとく拒絶すべしというにあった。

他方諸侯の意見はどうであったか。

一、薩摩藩主（島津斉彬）

イ、アメリカはわが国法を承知の上で来航したことであるから、国法の趣を諭しても承知すまい。さりとて打払いをしても、今日は海岸防禦手薄の折であるから必勝は期し難い。

ロ、然し貿易を許す時期ではない。それで成る丈け交渉を延引して、その間に防備を充分にすること。

ハ、三ヵ年もすれば防備も完成するであろうから、その時打払いを決行すること。

二、桑名藩主（松平越中守敬定）

イ、漂流民の救恤のみを許し他は許さない。

ロ、外国との交渉は長崎一ヵ所とする。

三、加賀藩主（松平加賀守斉泰）

イ、当面の処置としてまず許容し、海岸防備が完成した後神武の勇を示すこと。

四、佐賀藩主（松平越前守鍋島斉正）

イ、断然拒絶あるべし。

五、福井藩主（松平越前守慶永）

イ、漂民救恤以外は許さず、来春迄に武備を厳重にすること。

六、久留島藩主（久留島信濃守通胤）

イ、交易は許すべからず。漂民救恤は国法の範囲内で許す。

ロ、右拒絶により一戦を覚悟すること。

七、新庄藩主（新庄亀次郎直彪）

イ、アメリカの要求は許すべからず。

ロ、彼等に酒肴を供して油断せしめ、合図を定めてその艦船を焼討し、上陸者は皆殺しにすること。

八、水戸藩主（徳川斉昭）

イ、打払いは得策ではない。伊豆諸島を占領せられる恐れがある。

ロ、従ってその書翰を受取る時は喧嘩の種となり、打払いよりも後憂となる。

ハ、とかく衆議の上にて決断あるべし。

ニ、後に『海防愚存』にて右の旨を強調す。

黒田長溥の意見

九、福岡藩主（黒田長溥（ながひろ））

イ、アメリカにはオランダ同様、またロシアにも通商を許すべし。

ロ、開戦は不可。

ハ、蒸気船を作り砲台を整備すべし。

鷹司関白の意見

一〇、関白鷹司政通

イ、合衆国の書翰は慇懃にして誠意がある。拒絶すべきでない。

ロ、寛永以前は各国と通商し、わが国に利するところが少なくなかった。

ハ、交通を許すも国体を損ずることはない。取締りの法を設けさえすれば許可してよい。

以上は主として諸侯の意見であるが、黒田長溥及び鷹司政通のほかは、交易拒絶の意見が圧倒的であったということができる。転じて当時の識者の意見を概観してみよう。

諸氏の論議

一、塩谷宕陰（『防春或問』）

海防を振作し、長崎甲比丹に諮問し、兵端を開かぬよう注意し、漂民は救恤し、軍艦を作り、西洋砲術を拡め、越後の石油を敵艦焼打用とし、抜刀隊を作ること。

二、長戸寛司（『癸丑鄙見』）

通商は日本窮乏の途。甘言を以て長崎甲比丹を経て通商不許可を通告すること。

大艦は無用、小艦を造ること。

三、寺門静軒（『海防策』）

大艦を作り、人心を鎮め、蘭夷の禍根を断つ。

四、小塙庄助

大改革を行い、人心を一新し、異船打払いを天下に布告すること。

五、無名氏（狂愚陳人）（『和戦得失弁』）

和か戦かを一決し、大藩をして海岸を防備せしめること。

六、匿名氏（『鑑戒録』）

大艦は用なし、小艦を多数造り、夷艦を乗取るべく、旗本にその教練を施すこと。観音崎（神奈川県横須賀市）・富津（千葉県富津市）の線を守備し、それ以内に入る夷艦は打破ること。

七、匿名氏（『海備私言』）

軍艦を備え、新兵器を採用し、長槍・甲冑を廃し、士以外も軍職に服せしめること。

安井息軒の論

八、安井息軒（『靖海（せいかい）私議』）

兵威を盛んならしめ、海岸防備を厳にし、漂流民救恤を許し、通商は謝絶する。但し魯西亜（ロシア）には通商を許す。

九、阿斯廼夜（あしのや）検校（けんぎょう）（『根芹（ねぜり）』）

打払うべし。

一〇、鶴峰戊申（しげのぶ）

東照宮（家康）・台徳院（秀忠）時代の通り通商を許す。オランダ国王よりの書信を待ち返事のこと。西洋式軍艦を作ること。

一一、窪田清音（兵学者）

夷賊共の態度は無礼である。再来の時これを攻撃せよ。芝浦より浜川（東京都品川区）迄砲台を築く。夷船が内海へ入った時は焼打する。西洋式の火砲と船艦を採用すること。

一二、匿名氏

通商は許してはならぬ。北条時宗・孫権に倣い、林則徐の如き性急短慮は戒むべし。大船・大砲を採用し、高島秋帆を釈放すべし。

攘夷鎖国論が圧倒的

以上の論を見れば、安井息軒のアメリカには許さずロシアには通商を許すべしという特異な議論の外は、九分九厘迄攘夷論であったといっても差支えない。即ち、幕府の要職や諸侯・識者等の対外意見は殆んど攘夷論に一致していた。このような大勢下にあって、高島喜平（秋帆）の意見はどうであったか。

〔参考資料〕住田正一編『日本海防史料叢書』第六巻

三　嘉永上書

放免後間もなく起草

出獄したばかりの高島喜平（秋帆）は、幕府の諮問に応じて所見を述べたいと思った。ペルリの来航は彼が天保十一年（一八四〇）に上書した頃から最も心配していたことで、その危機が今目前に迫ったのであった。そこで一片の上書を起草した。その要旨は次の如くである。

去る卯年（天保十四年）（一八四三）以来、異国船が連りに来り、本年はアメリカ及びロシアの船が浦賀及び長崎に来て、いずれも交易を願った。これについて公辺にても、砲台の構築や大砲の鋳造を初められる時機となり、微賤の私共が愚見を申上げるなどは出過ぎたことでもあるし、多年幽閉の身で幕府の機密などは伺うことも出来ないから、差控えるべきではあるが、世間の風聞では明日にも戦争が始まるということで心配に堪えないから、このままに差置くことが出来ず、さりとて妙案があるというわけではなく、ただ多年オランダ人に接し西洋人の習俗も些か聞き込んでいることもあり、普通の談に過ぎないが、またその中に玩味すべき点がないでもないと思われる。若し忌憚に触れる点があったら御許容を願いたく、心中残すところなく申上げる次第である。

ニイマンの中国観

一、天保の頃ニイマンという甲比丹と世界地図を掲げて色々質問を交換した際、清国は大国で武備も盛んな国であるから侵攻することなどは困難であろうと質問したところ、彼は答えて、いや、清国を侵略することは誠に容易なことである。三ヵ年を経ずしてこれを占領することは間違いがない。但し国が余りに大き過ぎて取りごろでない。これを占領するより貿易の利を得た方が好都合である、と答えたのである。

阿片戦争に清国敗北の原因

右の談はその場限りで別段心を留めていたわけではないが、その後三－四年を経てから阿片戦争が勃発したところ、清国はさんざんの敗北を喫し、その原因が全く火器のためであることが判(わか)った。わが国の火器も昌平(しょうへい)の世となって実戦の経験もなく、皆中国の法に類するもので、これを以てイギリスに対するときは清国同様の結果に至ることは明らかであるから、先年愚意を申上げた次第である。

ニイマンは兵事の心得もないものであるのに、なぜ右のように勝算を明確に答えることが出来たかと不審に思っていたが、西洋の習俗として、平常無事のときでも勝敗の理を明らかにして研究して置くという風であるからこそ、ニイマンも言下に答えることが出来たのである。

平素の研究が肝要

それに付て考えられることは、わが国は接戦に長ずるといっても、彼等は必ずこれに対処する方法を研究しているに相違ない。それでわが国は刺撃の術に長じ、火縄銃があるといっても、彼の砲戦に対して万全の策とはいい難い。敵の砲陣に対しても勝算ある迄研究して置かなければならない。

清国武備を怠りしに非ず

一、清国は二百余年の昌平に狃れて武備を怠ったから敗けたという人がある。しかし決して彼は武備を怠ったわけではなく、満洲八旗・蒙古八旗・漢軍八旗などと幾百万の兵を擁し、武術に精励し、陣営・軍法なども怠っていない。

他国蔑視が敗因

但し我は世界中で大国であると自ら恃んで他国を蔑視する風がある。これが敗因の一つである。

わが国の陣法も時代後れ

わが国の場合を考えると、昔驍勇の士であっても、火器に向っては力を施すことが出来ず、敗軍になった例がある。しかるに今日の火器はまた昔日の比にあらず、奇功いよいよ便捷となり、その効力は猛烈となった。従って陣法も全く面目を一新した。今やわが五十騎備えなどは既に時代遅れとなり、勝敗の数も明らかである。

また魚鱗・鶴翼などの布陣も適当な所で地上に湧出するというわけにはいかない。敵に接近する迄に火器のために損害が大きく、如何に接戦に長じていてもこれを施すことができない。特に水戦においては器械が備わっていないから、もしも清国へ差向けた程の兵力をわが国に向けたら、わが兵士は如何程刀鎗に長じ、勇気があって奮戦しても、利を失うことは当然である。

一、朝鮮役の例から言えば、当時は源平の争乱以来戦闘止むことなく、元亀・天正時代となって精鋭最も盛んな時であったに比し、朝鮮は代々唐国に従って事件も起らず、羸弱の兵であったから、戦わずして敗れるという有様であった。然るにそのような精鋭無比と呼ばれたわが兵でも、李舜臣が大砲を以てわが船を打砕いたので、本多康親はこれに死し、脇坂安治は敗れ、石田三成は馬灘に、蜂須賀家政は亀尾浦に敗戦した。当時は将兵一人として弱兵は無かったのに、火器のため、前後七年の戦をしながら遂に、明境に入ること出来なかったのである。今の清国は満・漢二国を合わせ、その頃の明国に較べれば一倍の大国たるにかかわらず、イギリスのために三年ならずして敗れ、降を乞うに至った。これは如何程刺撃の術に長じても、火器の精密と熟練のものとを多く持たない限り、夷狄との戦は覚束ないということを明示したものに外ならない。

火器の精利を計る以外に勝算なし

黒船焼打は不可能

一、慶長十四年(一六〇九)五月の有馬氏(晴信)の黒船焼打の捷を以て、夷狄の船は容易に破壊し得ると思うのは非常な料簡違いである。あの船は軍艦でなく商船であるから武備はなく、ただ海賊防禦のための大砲を少し持っているばかりであった。有馬氏の家来がマカオでポルトガル人と喧嘩し、五十人総て殺されたので、長崎に入港したポルトガル船に喧嘩の相手が乗ってはいないかと甲比丹を捕えて尋問しようとしたのを漏れ聞いて、船は夜にまぎれて出港したが、長崎港外で風が無くなり仮泊したのを、有馬勢は数百隻の兵船及び焼草船を以て追い掛けたので、異船も逃れる途がなく、覚悟を定め、遂に自らの火薬庫に火をつけて自爆したのであった。その頃は西洋においても未だ航海の術も砲術も充分開けていなかったが、今日の軍艦は何百艘の小舟で取り巻いても乗り沈められ、又は大砲で撃沈せられてしまい、焼打などは思いもよらないことである。

島原乱の例

一、寛永十四年(一六三七)の島原一揆のことを考えれば、それは大坂陣を去ること僅かに二十四年で、彼等のうち頭だった浪人は僅かに十五―六人に過ぎず、その他は百姓が二万千三百余人、女・子供一万八千九百余人を加えて四万二千余人であった。これに対し攻撃部隊は御名代の大将板倉内膳正(重昌)殿を始とし、細川・有馬・鍋島・黒田・小笠原・毛利・水野・寺沢・松倉等九州の諸侯皆武功の大将で、その臣下も実戦の経験を持ったもの十六万余人であったが、戦闘のたびごとに利を失い、翌十五年正月元日三番攻の時は、攻撃部隊の総数二十六万余といわれたが、板倉内膳正殿は敵弾に中って戦死せられ、また寄手に死傷が多く、遂に乗取ることが出来なかった。指揮官が松平伊豆

百姓も鉄砲を持てば強し

守殿（綱信）に代っても一勝もなく、二万余の百姓兵を討つに二十六万余の大軍を以てし、二百余日を要し、しかもそれは城内の兵糧・弾薬が盡き果てて落城したのであった。

異人を蔑視するは不可

わが国人は西洋人を見て足軽・町人にたとえ蔑視しているものもあるが、これを手軽に考えて防禦の法を講じないでいたら大変なことになる。たとえ夷狄を百姓と見ても、原城のような手強い力も出るし、又堅艦を恃み地形を利用し、険によって猛烈な火器を充実し防守の法を講ずるならば、容易にこれを乗取ることは出来ない。蒙古襲来や朝鮮役の先例を以て勝を制することが出来るように思っているのは、大変な間違いである。

僥倖の勝利を望むべからず

夷狄の強大なことを述べるのは人心を怯ならしめ、戦わずして敗れるものであると論ずる人もあるが、これはただ僥倖の勝を望むものの言で、意外なことに会えば敗北するの外はない。平生無事の日に、強盛な点はその通りに知らしめ、その上を行くように研究して万全を期することが必要で、浮気の勇気・「かほうの芸術」は恃むに足らぬものである。

命を惜しまずというも必勝を期し難し

一、わが国の風気として命を惜しまず、死力を盡して戦うという風がある。然し命を捐(す)てたからといって勝てるとは限らない。戦艦その他の武器整備の上は、御命令によって夷狄を攻撃されてもよい。然しまだ整備ができていない今日では、四芸練達の勇士が守っても、異船より打出す弾丸が堅陣を破砕すれば、勇士は空しく拳(こぶし)を握り、切歯扼腕(せっしやくわん)するのみである。今日の急務は武芸などよりもまず大砲である。また大砲ができてもこれを取扱う人は中々養成するに年月がかかる。今わが太平不練の時に、水陸戦法に慣れた西洋人との一戦は、四・五年の間はお見合わせになることをお願いしたい。

武芸よりも大砲が急

一旦アメリカに勝つとも長期戦の惧れあり

一、来年渡来予定のアメリカ船と一戦し、これを殲滅(せんめつ)すれば御武威に畏縮して再び来ないとなれば好都合であるが、彼等が敗けた場合には諸国より加勢するということがあり、またアメリカは大国であるから、戦争は長期間続けら

火薬の欠乏

れるという可能性がある。そうなれば、大砲は揃ったとしても、火薬の供給が充分でなくなるかもしれない。オランダでは平素より多量の火薬を貯蔵し、また硝石丘を作り、供給をよくしている。わが国でも硝石丘を作り、二―三年中に多分の硝石を貯蔵しなければならない。

その鋭気を避くべし

一、アメリカと一戦を避けることは、わが国威を墜し恥辱となるという人もある。然し兵道は勝つことが主で、それが早かったり遅かったりするのは時勢によるのである。その鋭気を避けその惰気を撃つというのは、戦場ばかりのことではない。

清国は脆くも敗れたので、わが国も清国同様の戦法を用いることが判っているから、これを見極めてわが好まぬ交易を願い、場合によっては戦端を開き、掠奪にも及ぼうと考えているのは実に憎むべきことである。然しその憎みに堪えずして我より手を出せば、これは彼等の術中に陥ることになる。それで

交易は国際間の常道

も我に勝算があれば何の心配もいらないが、未だ海防も全備に至らない今日、夷狄を防ぐ術が充分でなければ、攘夷の実を挙げることは出来ない。

一、西洋では有無相通じて交易を行うことは一般の習いである。これによって利潤を得るのは一国のみでなく、互にこれを得ている。それで手軽にこれを行っているが、わが国ではこれを余り考え過ぎてお許しがないので、わが国の産物を彼等は知らず、それで彼等は有るものを与えないという風に考えて憤怒を招いている。それで若し願いの通り交易を許されれば、我に彼等の好むものが無いと判れば、彼等は却って後悔することになる。彼等は遠洋を航海して来るのであるから、莫大な利益がある品を代りに持ち帰らなければ困ってしまう。オランダ船が年々入津（にゅうしん）するのは銅を渡すからである。銅がなくなれば、外に利益のある品もなければ渡来しなくなるであろう。アメリカ・ロシアの交易願い出は容易ならぬことで、若しお許しがなければ兵端を開くことにもなり兼ねないから、かの地の風習に従って手軽にお許しになっては如何かと存ずる。そして両三年もして商売に利潤が上らぬということになれば、彼より退くことになると思われる。

わが国は小国で船来の貨物を引取る高にも限度があるし、また産物も少ないから、輸出を禁ずべきものもある。昔は主として金銀を以て支払ったが、その産出が少なくなったので、銅を以て交易するようになった。ところが銅も産出が少なくなったので、銅の量も半減された。またオランダ持渡りの物品は唐船にての輸入を禁じ、唐船よりの輸入品はオランダ持渡りを禁じ、同物品の過多を防ぐこととしてある。結局小国であるから輸入品の消化も充分できないから、交易の途も立ち難い。オランダ人もこの事情を知っているから、今は僅かに丁子三千斤を一ヵ年の交易量と定められた。銅も近年産額が減少して国内用にも事欠くようになったから、いずれ改革せられることになるであろう。

交易を許すべし

これらの事情を先方にもよく理解せしめて両三年交易を許して見たら、国家のためにもなるし、また彼等も自然に窺い取るの情も解消し、その間に我等の海防を万全にすることができ、また利益が少なくなれば彼等の方から退くであろうから、永く安全を期することが出来る。

一、かくて一国に許せば他国にも許さぬというわけにはいかぬ。そうすると際限なくわが国の膏血を絞り取られるであろうと懸念する人がある。然しわが国の消化力は限度があるから、買手が少なくなり価値も下がる。そうなれば積来った荷も潰れ荷となり、その上持帰りの品も無くなれば、自然彼等も来ないようになる。交易はこれを取締る規則如何にかかっているので、これを定めて置けば、交易を許しても少しも懸念することはいらない。

一、交易互市を論ずる人で、交易には銅を以てしなければならぬと考えて議論しているものがある。これは誤解である。わが有用の品を以て彼の無用の品と易(かえ)るなどいうのはこの誤りである。オランダ貿易で銅を渡すのは、本方荷(もとかたに)というものに限っている。時計・硝子器・玩物等の類は脇荷と唱え、甲比丹(カピタン)始め私の貿易として行っているので、これに対してはわが無用の品を与えている。有用な薬品などは脇荷の中である。唐国貿易では薬品は本売りと称(とな)えるものに加えられ、珊瑚(さんご)・時計その他の玩物は別段売りと唱え、その代りとして我が無用の品を易ている。往古はわが国に白糸さえ産出がなく、又今日輸入不用の砂糖さえ輸入してこれに銅を与えたのであるが、今日はそれらが総て国産を以て間に合うようになったのも、元来銅をお捨てになったからこそ出来るようになったのである。

交易により利を得べし

一、唐・オランダの持渡り品の中にも必ず有用な国益品もあるから、そのような品ばかりを受入れるようにし、その代りとしてわが無用の品を渡すようにすれば非常に有利な交易となる。それで両三年交易を許して見てその成行きを見ればよい。これは決して害にはならぬ。往古のオランダ貿易には銅を用いたが、これは過分の仕法で今日に適用することは出来ぬ。アメリカ・ロシアに対する交易は程よくあしらって商売を取組み、これに与える品も国産品を以てするならば庶民の生計の基も増加することとなる。

密売を取締れ

一、商人共が米を外人に密売するという噂が先年より聞えているが、事実はどうか判らないが、商人というものは、利益があれば如何に厳重に取締っても犯す例が少なくない。それで貿易を許すと共に密売を取締ることにするのが得策と思われる。米も国用に差支えない分は渡しても差支えなく、また凶年のときは唐国へ蒸気船でも派遣して積取って来ることも出来る。

石炭の開発

一、風説によれば彼等は石炭を懇望するということである。これは九州などの産額が不明であるが、取調べれば存外あるかも知れない。わが国でも蒸気船を造るようになれば自然必要なものであるから、今これを渡すのは惜しいような気がするが、交易の法を立てた上は、必要の場合差止めるようにして置けば当分の間は差支えないと思われる。もっともこれの代り品は御国用第一の品を選ぶようにしなければならぬ。

一、交易を許せば後の殃(わざわい)計り難いなど懸念する人があるが、二百年前は人知開けず、彼等は愚民を煽動(せんどう)し、兵を用いずして他国を併呑(へいどん)するのを上策としていたので、これに迷わされたのはわが知恵足らず不調法(ぶちょうほう)であったともいうべきである。イスパニアが呂宋(ルソン)国と通商し、その国兵弱く、奪取すべきを見料(はか)らい、金銭を貸して牛皮で覆う程の土地を借り、終(つい)に国を奪うに至ったことなどを例にとって異国との交易を嫌う向もあるが、わが国は武勇多智であるから彼等の謀計に陥ることもあるまい。そんなことは意とするに足りないと思う。

最早国民はキリシタンの妖術に迷わさるる惧れなし

またキリシタンの妖法(よう)・妖術を恐れるものもある。若し妖術を以て勝を制し国を奪うことが出来るならば、何を以て億万の財を費して艦船・火器を作り武備を怠らぬようにするのか。昔は火取目鏡(ひとりめがね)や望遠鏡にも驚いて恐れたこともある。しかし蘭学が開けて以来恐れ怪んだことも解(わか)るようになった。これを考えると有用の銅を海外にお捨てになったお蔭で通商が開け、医術その他も進歩し、国益が増進した。蘭学はすべて芸術関係の学問である。芸術は古(いにしえ)より華夷の別なく、その善なるものを採ってわが国用に供している。城砦(じょうさい)・陣営の製も皆群芸の内である。蘭学者は耶蘇の妖術に惑わされるやも料(はか)られないなどいうものもあるが、蘭学が開けて国益が増進したことはあるが、未だ蘭学者に心得違い・不埒(ふらち)なものは一人も聞いたことがない。却って、聖賢の道を学び倫道を明らかにしていた大塩平八郎の如き凶賊もあるから、聖賢の道とてあてにはならぬ。従って蘭学を以て邪道とするなどは見当違いである。外寇防禦のことは当今ばかりに限ったことではなく、億万年の後迄も懈(け)

蘭学者は堅実なり

防備は必要

怠なく忘れてはならぬ。戦艦の制・火器の術・陣制戦法も彼と同じくなれば、彼は軍資を費し遠洋を凌いで襲い来ることは全く損となるから、来ることもあるまい。それで先年愚見を呈したわけである。わが国人は他人より学ぶのを耻としているが、彼等は他より学ぶのを国益と考え、諸国を航海してその善なるものがあればこれを採って自国の欠けた所を補い、彼等が交易利潤を貪るのも、国を富まし兵を強くするためであって、他を学びこれに倣うを耻としない。彼等の内には蛮語を習いこれを談すものもあるが、これは武備に関することは何事も博く探索するためである。

交易の利を以て海防費に充つべし

わが国に不慮に備える武備が充実していれば、夷船が来て商売御免になっても、聊かも患えるところはない。わが寛大を示して彼を容れ、交易を許して両三年の成績を見、不都合があればこれを止め、わが無用の品を以て有用の品に易え、特に交易をしている間に彼等の強弱を知ることもできるだろうし、また交易に利益があれば、これを海防費に充てることにもなれば武備も行届くことになる。

開国はわが国体に係わらず

交易を許したからといって、御国体に係わるということは決してない。これを許さず万一にも兵端を開くことになれば、それこそ容易ならぬことである。これは多年憂懼（ゆうく）していたことでありますから、身分を顧みず書面を以て申上げる次第であります。 以上。

万一にも兵端を開く勿れ

丑（嘉永六年）十月　　高島喜平（原文は『陸軍歴史』巻三にあり）

以上が嘉永上書の梗概（こうがい）である。

上書に対する江川の躊躇

秋帆はこの意見書を懐（ふところ）にして江川太郎左衛門（坦庵）を訪い、これを幕閣に進達してもらいたいと頼んだ。しかるに江川はこれを一読して曰く、

老師の御意見誠に肯綮（こうけい）に中（あた）り、私としても同意見である。しかしながら今日の世論は専ら主戦論に傾き、気焔当るべからざる有様である。それで開戦の

不可なることを承知しておられる伊勢殿（老中阿部伊勢守正弘）さえ、朝野の反対を慮ってむざと和戦を決し兼ねて居られる程の情勢であるから、老師がこの議を建言せられることは頗る遠慮ないことと思われる。識者の間でこそ老師の非凡な卓見に感服しておりますが、世間一般のものは老師をば、猥りに夷狄を尊崇してその下風に立つものと思い誤り、随分悪ざまに誹謗していますから、このような建議をされれば国賊・朝敵と憎み立て、折角十余年の幽囚を出られた御身が又もや不慮の禍いに陥られるようになるかも知れないと思われます。それで来春アメリカ使節が再来して幕府の確答もあってから、時機を見て提出せられては如何でしょうか。

と辞を盡して諫めたのである。しかるに秋帆は聴き終り、

老生の一身を思い計っていただく御芳志は感謝の至りに堪えません。然し男児国に報ずるの志を懐いて、危急の際に臨み、一身の安危を慮ってこれを傍

秋帆の決心

観することがどうして出来ましょうか。高島喜平がこの意見を申し述べるのは、一身の功名を博せんがためではなく、一身の禍害も敢えて恐れるところでありません。時機に投じて封事を奉るのは策士の業で、国士の屑しとしないところであります。貴殿がお取次ぎ下さらねば致し方なく、老生自ら伊勢殿へ持参致しましょう。

と言い切って思い止まる気色もなかった。そこで坦庵も、左までの御決心でありますれば、私も素より同意見でありますからと、別意見書を作り、これと共に差出し、老師と進退を共にしましょうとて、秋帆の意見書に添えてこれを阿部伊勢守に進達した。（福地桜痴『高島秋帆』）

江川遂に幕府に進達す

このように当時の世論に超然として、江川太郎左衛門さえ躊躇した意見を毅然として提出した秋帆の態度は、その上書の内容の卓見であることと共に、彼の晩年における最も輝かしい行跡と言わなければならない。

四　嘉永上書の影響と価値

嘉永上書の影響

前述の上書が直ちにその効力を表わして幕府の政策を決定せしめたかどうかということについては何等表面的には証拠とするに足るものはない。然し幕府の政策が、評定所の答申にも、また各藩主の意見にも、又一般の世論にも反して開国政策をとったことは確かである。

この開国政策をとるに至った原動力が、奈辺(なへん)に存したかということについても、これを明らかにするものはない。然しペルリ来航の当初においては、阿部伊勢守（正弘）さえ、また江川太郎左衛門さえ、鎖国政策の不利を知っていても、世論に押されて決心が付かず、腰がふらふらであったことは確かである。

幕府の開国政策への轉換

この時機において、堂々と然も理路整然と開国政策を論述したのは、実に高島喜平（秋帆）一人であったことは記憶せらるべきである。事実上幕府は遂に開国政策をとるようになった。これは『嘉永上書』によって動かされたものであると論じてもいい過ぎではなかろうと思う。

徳富蘇峯の評

勿論当時にあっては、何等表立って高島秋帆の功績であるなどと誰一人いうものも、知るものもなかった。彼は遂に布衣に迄も進むことが出来なくて世を去った。然し『嘉永上書』の価値は年と共に認められるようになった。徳富蘇峯は彼を評して曰く、

> 若し水戸斉昭をして彼の如き見識あらしめば、而して若し阿部正弘をして彼が如く徹底的に会通するところあらしめば、癸丑（嘉永六）・甲寅（安政元）の間に於ける我が日本の措置は今少しく手奇麗に、今少しく公明正大に、今少しく男性的にあつたであらう。然も此の如き意見をして徒らに空言に止めしめたるは遺憾なれども、当時に於てかくの如き識者の日本に存したることは、亦聊か人意を強からしむるに足る。世間では高島秋帆を火技の中興、洋兵の開祖と

云ふも、彼は寧ろ開国論に於て、平和主義に於て、当時の滔々たる煮え切らない世論の中に於て、一生面を開きたるものと言はねばならぬ。（徳富蘇峯『近世日本国民史』(三一)）

と言っている。なお同書に『徳川三百年史』（長田権次郎著）を引いて、

徳川三百年史の評

斯の如きの論いずれにありや

当時諸侯伯、幕府の有司は勿論、旗下、諸藩士より浪人、書生に至るまで、其上書事を言へるもの幾百人なるを知らず。然れども、和戦の利害を挙げ、其両端を叩きて周詳竭さざるなき、秋帆の此書の如きもの孰れにありや。而して鎖攘の非を指斥し、開国交通の已むべからざる所以を反覆して、精確動かすべからざる、秋帆の此の書の如きものありや。佐久間象山、横井小楠は幕末に於ける開国論者の巨擘と称せらる。而かも彼等の開国論を唱へしは安政以後の事に係り、ペリー初航の当時に在りては、猶激烈なる攘夷論を抱持し、小楠の如きは江戸を必死の場所と定め、米夷と鏖戦すべしと豪語し、象山の如きも亦、「不ㇾ思城下作ㇾ盟耻」（思わざりき城下に盟をなすの耻あらんとは）と歌ひて、掃攘の意を

開国を論ぜしもの秋帆一人のみ

漏らせるに非ずや。然らば即ち嘉永六年に於て開国の意見を主持せしものは、殆んど秋帆一人のみ。其幽囚十二年の久しき、全く社会と隔離せる身を以て、放赦（ほうしゃ）後未だ三月ならざるに、此（かく）の如き意見を公表せるは、益〻以て其眼識の高くして、修養の素（もと）あるを見る可く、唯この一篇あり、秋帆千古に朽ちず。

秋帆の名千古に朽ちず

と。この一句、誠に秋帆の真面目（しんめんぼく）を喝破（かっぱ）したものと言うべきである。

五　晩年

高島秋帆の晩年は、閑居の月日ではなかった。それは国家の危期であったからである。

教練の進歩

嘉永六年（一八五三）八月六日に釈放されると、彼は芝新銭座の江川（太郎左衛門、坦庵）邸に落付いた。そして調練場で行われている教練を見るのを娯（たのし）みとした。その徳丸原時代より進歩した点は、㈠銃陣の号令詞が日本語に改められたこと、㈡燧石銃が雷管銃に代ったこと、㈢西洋砲術の知識が広く普及したことなどであった。

同年八月十五日付で、高島喜平(秋帆)を、海防掛御用取扱として御代官江川太郎左衛門(坦庵)手附に召抱えるという辞令を受けた。

品川台場構築

また同八月二十八日付で、大砲鋳造方御用掛を相勤むべしと申渡された。これは幕府が坦庵の進言に従って品川台場を築き、且つ相州海岸・猿島(横須賀市沖)及び下田(伊豆)・摂海(大阪湾)等に砲台を新築することになり、その手始めに坦庵に対して、品川台場の縄張御用(経始)・大砲鋳造・車台及び附属品の製造を命じたので、秋帆をしてその配下に属して勤務すべきを命じたものである。

江川坦庵の急死

品川台場の構築は、坦庵が嘉永六年(一八五三)八月二十八日に命を受けて着手してから、日夜工事を急ぎ、安政二年(一八五五)五月に完成した。坦庵はこの間安政二年正月十六日に急逝し、その完成を見るに至らなかったので、秋帆はその嗣保之丞

品川台場の完成

を輔佐して任務を達成せしめた。

これによって御代官御鉄砲方見習江川保之丞に対して幕府より賞詞を賜い、金七枚及び時服二を下賜せられ、更に芝海岸の関但馬守屋敷及び同地続き六千六百三十四坪を、太郎左衛門屋敷並びに組与力同心の居住地及び大小砲練習場として下賜せられた。又、秋帆に対しては、安政二年五月四日付を以て、右御用完成につき褒美として金五両を賞与せられた。

賞与

西洋砲術修得の命令

是より先き幕府は、海岸防禦についてすべて西洋流砲術を採用しその普及及び徹底を期するため、嘉永六年九月二十一日付で、西洋流砲術を四芸（弓馬鎗剣）同様に修業すべきことを令達した（『陸軍歴史』巻十）。

この令達によって芝新銭座の江川塾（縄武館）及び芝赤羽根橋々畔（きょうはん）の下曾根金三郎の塾は共に修業者が堂に溢れる程盛んになった。秋帆は前者の塾頭となって後進者の指導に任じた。

安政二年（一八五五）七月二十日秋帆は御普請役となり、御鉄砲方手附教授方頭取を命ぜられ、金五両の増給を受けることとなった。

講武所設置の議

安政元年五月十三日に阿部伊勢守（正弘）は、浜御庭（今の浜離宮）の南側泉水等を埋立て、幅一町・長さ三町の広場を作り砲術操練場に充てるべきことを命じた。これが講武所建設の発端となった。しかしこの場所はその後種々の故障が起り実現できなかった。そこでその調査を御普請奉行に命じた。同奉行が海防掛・大目付・目付と評議の上答申したところは次の如くである。

㈠　築地堀田備中守（正睦）中屋敷に講武所及び水泳稽古所を設けること。

㈡　筋違門外、加賀原に講武所を設けること。

㈢　四谷門外、あひの馬場に同じく講武所を設けること。

右三ヵ所には武術稽古場・鉄砲角場及び小隊教練を行う設備をすること。

㈣　深川越中島に野戦調練場及び大砲稽古場を設けること。

(五) 神田橋と一ッ橋間の空地(火除地)を囲い、騎戦調練の場所とすること。

築地講武所

右の工事が安政元年十二月に着手せられ、同二年二月に総裁初め役員が定められた。同三年三月には築地講武所が竣工して、四月より子弟の入所を許すこととなった。同年四月十三日には将軍家定の来臨があって諸武芸の上覧があり、四月二十五日に開所式が行われた。

賞詞

安政三年十一月二十五日、秋帆は西洋砲術の開祖として次のような賞詞を受けた。

壮年の頃より西洋砲術の利用につき格別に熱心で、下曾根・江川などへ伝授し、この頃一般に普及することとなったことは、全く流祖と言ってよい格別の功業である。そこで特別に新規召抱え十人扶持を与え、諸組与力格となし、江川太郎左衛門の手附を命ずる。(意訳)

秋帆が「火技中興洋兵開基」の印を用いるようになったのはこの時からで、この語は阿部伊勢守（正弘）の贈るところと伝えられている。

安政四年（一八五七）十二月富士見御宝蔵番・講武所砲術師範役を命ぜられ、七人扶持を加増せられた。

神田小川町講武所

万延元年（一八六〇）神田小川町に新築された講武所が竣工し、二月三日に開場式が行われた。この後秋帆は居宅を小石川小十人町（指ヶ谷町）に移転し、ここから小川町の講武所に通った。

陸軍所

慶応二年（一八六六）十一月十八日、講武所は陸軍所と改められた。これより先き、江川坦庵の子太郎左衛門英敏は文久二年（一八六二）八月に病歿し、秋帆は講武所奉行支配となった。

秋帆の逝去

秋帆は慶応二年正月十四日、講武所師範役の現職にあって病歿した。行年六十九歳であった。

彼の履歴書には、文久元年小十人格（百俵高）、同三年八月御武具奉行格（御足高二百俵）、慶

応二年五月西洋砲術出精に就き金二枚下賜、同年六月病死、となっているが、これは彼の賞典査定等のため、死歿時の発表を遅らせたものと思う。
法名皎月院殿碧水秋帆居士、文京区本郷東片町大円寺に葬られた。

六　子孫及び歿後

高島秋帆に長男浅五郎・次男寛三郎の二子があった。

長男浅五郎

浅五郎（茂武、号晴城）は天保初年に長崎町年寄見習となり、次で町年寄に進んだが、事件の時に連座して父と共に江戸に送られ、弘化三年（一八四六）七月二十五日、五十日押込の刑を申渡された。のち長崎に帰り、高島流砲術師範をした。

秋帆が赦されて講武所師範となるや、彼もまた講武所砲術教授方となり、次で大砲差図役となり、文久三年（一八六三）三月将軍家茂の上京に随行護衛を命ぜられたが、任務中京都で病死した。年四十四。

嫡孫孫太郎

浅五郎の子孫太郎茂巽は、講武所歩兵教授方となり、次で語学所英語句読教授となったが、文久二年（一八六二）に病死した。十九歳であった。

養子茂徳

秋帆はこのように嗣子及び嫡孫に先立たれたので、幕臣福田作太郎重固の弟、兵衛を養子として茂徳と名乗らせた。茂徳は朝廷に仕え、陸軍に入り中佐に進んだが熊本鎮台に勤務中明治九年（一八七六）、神風連事件の際戦死した。その遺児に茂秀・茂松があった。

次男寛三郎

秋帆の次男寛三郎（忠功、号適斎）は、叔父の長崎町年寄久松碩十郎に養われてその家を継いだ。事件に関連して五十日押込の刑を受けた町年寄の久松新兵衛は右とは別の久松家である。

秋帆の紀功碑

明治十八年（一八八五）十一月、秋帆の最後の弟子の一人であった男爵細川潤次郎等の発起により、秋帆の紀功碑（きこうひ）を上野公園円珠院内に建設したが、大正十一年（一九二二）十二月、これを本郷東片町大円寺内の秋帆の墓碑の傍らに移した。

贈位

明治二十六年(一八九三)十一月二十七日には朝廷より、秋帆の生前の功績に対し正四位を追贈せられ、大正十一年(一九二二)十二月六日には御下賜

高島秋帆紀功碑

大正11年11月赤塚村松月院内に建てられた碑。文は細川潤次郎揮毫「火技中興洋兵開祖」の五字。碑は12听砲身，脚は飾火榴付円弾4個。

徳丸原の建碑

金があった。陸軍部内の有志相はかり、これを機として寄附金を募り、徳丸原演練の際秋帆が一隊を率いて本陣とした東京府北豊島郡赤塚村松月院(現板橋区赤塚八丁目)の境内に秋帆の紀功碑を建設し、併せて演練の行われた徳丸原の中央、標高六・三米

高地の松林に遺跡碑を建てた。

昭和十四年四月埼玉県大里郡岡部村一、一九二番地（高崎線岡部駅下車）に「秋帆先生幽囚之地」碑を建つ。碑文は陸軍中将渡辺金造氏の撰文並びに書、建設は「高島秋帆先生史蹟保存会」（会長岡部村長小林忠）に依る。この地は旧陣屋跡、当時の牢番士の子孫曽田安雄氏の住宅は当時のものという（昭和四一、一、一八、著者訪跡）。

略年譜

年次	西暦	年齢	事蹟	関係事項
寛政一〇	一七九八	一	長崎に生る。（父四郎兵衛茂紀）	池部啓太生る。（熊本）
文化元	一八〇四	七	父四郎兵衛魯艦供給掛となる。	レザノフ長崎に来る。（翌年に去る）
同三	一八〇六	九		九春古丹事件。
同四	一八〇七	一〇	父四郎兵衛出島備場受持となる。	エトロフ事件。魯船打払令。新備場増築。
同五	一八〇八	一一		フェートン号事件。長崎奉行自尽す。
同七	一八一〇	一三	父四郎兵衛荻野流皆伝師範となる。（後年秋帆父より皆伝を受く）	荻野流砲術師範坂本孫之進長崎に来る。（八年去る）
同一一	一八一四	一七	父四郎兵衛会所調役となる。秋帆、町年寄見習となる。出島備場受持。	
同一三	一八一六	一九		池部啓太長崎に至り末次忠助の門に入る。次で秋帆の父四郎兵衛に就て砲術を修む。
文政六	一八二三	二六	父四郎兵衛周旋してシーボルトの市内診療所	スチュルレル大佐及びシーボルト来る。

文政七	一八二四	二七	を設く。唐人屋敷台場、四郎兵衛に預けらる、スチュルレルよりナポレオン戦争談を開く。	宝島における英人乱妨事件。
同　八	一八二五	二八		異船打払令。
同　九	一八二六	二九		スチュルレル及びシーボルト参府す。
同一〇	一八二七	三〇		スチュルレル帰国しメイラン来る。
同一二	一八二九	三二	秋帆父子はシーボルト事件に与からず。	シーボルト事件。デヒレニューへ来る。
天保元	一八三〇	三三	秋帆、オランダ人に砲術のことを質問す。（ハーグ文書）	武雄鍋島十左衛門家を継ぐ。鍋島直正佐賀藩襲封。
同　三	一八三二	三五	二〇ドイムモルチールをオランダに注文し入手す。	十左衛門その家臣平山山平を秋帆に入門せしむ。
同　五	一八三四	三七	『和蘭歩兵操典』『小銃射撃教範』及び歩兵銃二五挺入手。	十左衛門長崎に至り秋帆に入門す。
同　六	一八三五	三八	『海上砲術全書』（原書）等入手。歩兵銃三〇挺及びホウィツル入手。武雄を訪れ同藩のために初めてモルチールを鋳造す。野砲二門を久松碩次郎より譲り受	ニーマン来る。十左衛門起用せらる。

			く。	
天保 七	一八三六	三九	『火攻精選』（原書）入手。歩兵銃八〇挺入手。 父四郎兵衛死す（六五歳）。	名村元義『火攻精選』を訳す。（天保十四年完了）
同 八	一八三七	四〇	肥後藩のためにモルチールを鋳造す。薩摩藩新納主税にゲウェールル一挺を贈る。	モリソン号浦賀及び山川港に来りて去る。 大塩の乱。鍋島直正武雄の西洋火技を閲す。
同 九	一八三八	四一	鳥居平八兄弟入門す。	ニーマン参府。次で帰国。フランディソン来る。モリソン号の予告をなす。
同 一〇	一八三九	四二	鳥居平八兄弟に相伝免状を与う。	蛮社事件。池部啓太家督を継ぐ。
同 一一	一八四〇	四三	『天保上書』洋式砲術採用の急を説く。	阿片戦争。長崎奉行田口加賀守秋帆を後援す。
同 一二	一八四一	四四	幕命により出府し、江戸近郊徳丸原にて演練を行う。江川太郎左衛門・下曾根金三郎に砲術を免許す。鳥居平七再入門（平八死去）これに奥伝を許す。	老中水野忠邦天文方に兵書を訳せしむ。（『海上砲術全書』）
同 一三	一八四二	四五	村上範致に皆伝を許す。鳥居耀蔵の讒訴により、秋帆父子逮捕せらる。連累者多し。	南京条約。伊沢美作守（長崎奉行）着任。 池部啓太捕えらる。 打払令緩和。薩藩西洋銃陣射撃実施。高島

天保一四	一八四三	四六	江戸へ押送せられ謀叛の罪に擬せられて伝馬町の獄舎に繫がる。（押収蘭書目録あり）	流を御家流と改む。佐賀藩高島流を威遠流と改む。大砲鋳造所を設く。鳥居平七成田と改姓す。 吉雄常三雷汞を製し、爆発して死す。
弘化　元	一八四四	四七		オランダ使節コープス来り国書を呈し通商開国の利を説く。（幕府翌年祖法を守る旨答う。）佐賀藩大モルチールを購う。
同　二	一八四五	四八	事件の再吟味行われ、老中水野忠邦罷免、鳥居耀蔵禁錮せらる。	阿部伊勢守老中となる。
同　三	一八四六	四九	秋帆に対する判決下る。中追放、安部虎之助（岡部）に預けらる。鳥居耀蔵終身禁錮に処せられる。	池部啓太肥後に帰る。海防厳飭の勅諭下る。
同　四	一八四七	五〇		田結荘千里、池部啓太に入門す。江戸湾その他海岸防備強化。
嘉永　元	一八四八	五一		西洋軍事書の訳書多く世に現わる。
同　二	一八四九	五二		英船浦賀に来る。砲台建設の議起る。大坂天保山砲台を築く。

嘉永三	一八五〇	五三		再び海防厳飭の勅諭下る。
同 四	一八五一	五四		太平天国の乱。
同 五	一八五二	五五		大森に砲台を築く。甲比丹明年米艦来るべきを報ず。
同 六	一八五三	五六	釈放せられ、江川太郎左衛門に身を寄す。名を喜平と改む。『嘉永上書』外患に対する所信を披瀝す。	ペルリ来航、プーチャチン来る。将軍家慶薨去。品川台場を築く。大船製造解禁。露土戦争(―一八五六)。幕府西洋流砲術の兼修を命ず。
安政元	一八五四	五七		クリミア戦争。ペルリ再び来る。米との和親条約。英・露との和親条約成る。
同 二	一八五五	五八	講武所創建せられ、その教授方頭取に任ぜらる。品川砲台完成につき賞賜・御普請役となる。	日蘭条約。オランダ汽船スームビンクを贈らる。江川坦庵死す。長崎海軍伝習所開始。蕃書調所創立。築地講武所竣工。
同 三	一八五六	五九	西洋砲術開祖として賞詞を受け、十人扶持を与えらる。	
同 四	一八五七	六〇	富士見御宝蔵番。講武所砲術師範役を命ぜられ、七人扶持加増。	英仏連合軍広東占領。軍艦教授所を築地に開設。
同 五	一八五八	六一		江戸にて蘭字活版を創む。

安政 六	一八五九	六二		神奈川、長崎、箱館にて自由貿易開始。
万延 元	一八六〇	六三	居宅小石川小十人町（指ケ谷町）に移転。	神田小川町講武所竣工。咸臨丸米国渡航。英仏連合軍北京占領。天津条約。
文久 元	一八六一	六四		アメリカ南北戦争（—一八六五）。
同 二	一八六二	六五	講武所奉行支配となる。嫡孫孫太郎死す。（一九歳）	生麦事件。オランダへ留学生を派遣す。
同 三	一八六三	六六	長男浅五郎京都にて死す。（四四歳）茂徳を養子となす。	薩英戦争。蕃書調所を開成所と改む。
元治 元	一八六四	六七		第一次長州征伐。
慶応 元	一八六五	六八		ロシア樺太に築城。
同 二	一八六六	六九	正月十四日病歿。本郷大円寺に葬る。	講武所を陸軍所と改む。
明治二六	一八九三		正四位を贈らる。	
大正一一	一九二二		松月院に紀功碑、徳丸原に記念碑建立せらる。	

主要参考文献（刊本のみを掲げ写本および蘭書等の直接史料は省く）

『近代日本外国関係史』　田保橋　潔著　昭和五年　刀江書院
『陸軍歴史』二巻　勝　海　舟著　明治二三年　陸軍省総務局
『高　島　秋　帆』　福地桜痴居士著　明治三一年　博　文　館
『高島秋帆先生追遠法会記事』　大正七年
『高島秋帆先生高島秋帆先生紀効碑建設報告』　大正一二年　同建設事務所
『長崎県史料』　明治四四年　長　崎　県
『武　雄　史』　石井　良一著　昭和三一年　武　雄　市
『薩藩海軍史』三巻　東郷吉太郎著　昭和二年　島津公爵家
『長崎叢書』四冊　大正一五年　長崎市役所

著者略歴

明治十七年熊本市に生まる
明治三十八年海軍兵学校卒業
昭和五年国学院大学史学科に学ぶ
昭和四十八年没
文学博士、元海軍少将

主要著書

一貫斎国友藤兵衛伝　北条氏長とその兵学
朝鮮役水軍史　火砲の起源とその伝流

人物叢書　新装版

高島秋帆

昭和三十三年十月二十五日　第一版第一刷発行
平成　元　年　五　月　一　日　新装版第一刷発行

著　者　有馬成甫（ありませいほ）
編集者　日本歴史学会
代表者　児玉幸多
発行者　吉川圭三
発行所　株式会社　吉川弘文館
東京都文京区本郷七丁目二番八号
郵便番号一一三
電話〇三―八一三―九一五一〈代表〉
振替口座東京〇―二四四
印刷＝平文社　製本＝ナショナル製本

『人物叢書』(新装版)刊行のことば

人物叢書は、個人が埋没された歴史書が盛行した時代に、「歴史を動かすものは人間である。個人の伝記が明らかにされないで、歴史の叙述は完全であり得ない」という信念のもとに、専門学者に執筆を依頼し、日本歴史学会が編集し、吉川弘文館が刊行した一大伝記集である。

幸いに読書界の支持を得て、百冊刊行の折には菊池寛賞を授けられる栄誉に浴した。

しかし発行以来すでに四半世紀を経過し、長期品切れ本が増加し、読書界の要望にそい得ない状態にもなったので、この際既刊本の体裁を一新して再編成し、定期的に配本できるような方策をとることにした。既刊本は一八四冊であるが、まだ未刊である重要人物の伝記についても鋭意刊行を進める方針であり、その体裁も新形式をとることとした。

こうして刊行当初の精神に思いを致し、人物叢書を蘇らせようとするのが、今回の企図である。大方のご支援を得ることができれば幸せである。

昭和六十年五月

日本歴史学会

代表者　坂本太郎

〈オンデマンド版〉
高島秋帆

人物叢書　新装版

2020年（令和2）11月1日　発行

著　者　有馬成甫（ありま せいほ）

編集者　日本歴史学会
代表者 藤田　覚

発行者　吉川道郎

発行所　株式会社　吉川弘文館
〒113-0033　東京都文京区本郷7丁目2番8号
TEL　03-3813-9151〈代表〉
URL　http://www.yoshikawa-k.co.jp/

印刷・製本　大日本印刷株式会社

有馬　成甫（1884～1973）

ISBN978-4-642-75155-1